외눈박이
사랑

| 정순애 수필집 |

외눈박이 사랑

수필과비평사

‖ 머리말 ‖

봄입니다. 흙을 깨워 그 속에 씨앗을 품게 하는 계절입니다. 여기저기 풀이 더 무성합니다. 호미를 들고 김을 매다 보니 유난히 노란 민들레가 눈에 들어옵니다. 또 작은 제비꽃도 앙증스럽습니다. 소담스럽게 핀 모습에 차마 들어내지도 못하고 그냥 둡니다. 그러다 보니 밭은 이내 잡초로 가득합니다. 그래도 흐뭇합니다.

마치 내 마음 밭처럼 여겨졌던 까닭입니다. 그 밭에다 이랑을 만들었습니다. 그리고 잠자고 있던 씨앗주머니들을 열어 조심스레 심어보았습니다. 밑거름이 부실했던지 다소 튼실하지 못한 이랑도 눈에 들어옵니다.

글을 쓰는 일도 마찬가지라고 생각합니다. 글의 씨앗이 흙을 머금고 내 마음 밭에서 자라나기까지는 농부 같은 마음입니다. 메마른 땅을 촉촉하게 적셔 떡잎을 나게 하고 그 작물을 애써 가꾸려는 마음은 언제나 나를 밭으로 달려가게 합니다. 그런데도 아직 마음 밭을 가꾸는 데는 부족함이 많습니다.

더 좋은 결실을 맺기 위해서 부지런히 나의 내면을 가꾸어 나가겠습니다. 이번 기회로 내 자신이 좀 더 완숙되는 계기가 되었으면 합니다.

2010년 봄

제1부 때로는 소꿉놀이처럼

때로는 소꿉놀이처럼 ———— 12
소리의 굴레 ———— 18
액자 속의 풍경 ———— 23
빨래터 ———— 28
외눈박이 사랑 ———— 32
벅수 이야기 ———— 36
동백 ———— 40
반보기 ———— 44
다림질 ———— 50
밥상 위의 행복 ———— 54
고향살이 ———— 59

제2부 나뭇잎이 푸르던 날에

나뭇잎이 푸르던 날에 ——— 66
고구마 ——— 71
길을 가다가 문득 ——— 76
열여섯 살의 초상肖像 ——— 80
그리움은 세월처럼 ——— 85
숙이 삼촌 ——— 90
등잔불의 추억 ——— 95
이방인처럼 ——— 99
엄마 어렸을 적엔 ——— 104
지름길 ——— 110
소장품所藏品 ——— 114
어떤 나들이 ——— 118

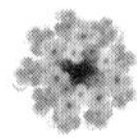

제3부 쉬었다 가는 길목

쉬었다 가는 길목 ——— 124
정 만들기 ——— 129
시집가는 날 ——— 133
위로 ——— 137
장보기 ——— 141
퍼즐놀이 ——— 147
나이 ——— 152
나도 한마디 ——— 156
주홍글씨 ——— 160
금목서 ——— 166
봉정암 ——— 170
이브의 동산 ——— 177

제4부 분꽃 향기를 머금고

분꽃 향기를 머금고 ──── 182
길상사에서 ──── 187
은행나무 ──── 191
사과 ──── 195
망상증 ──── 199
왼손 ──── 202
낙엽 천지 ──── 207
일본여행기 ──── 212
불청객 ──── 221
울릉도에서 ──── 225
어떤 불씨 ──── 229
6월의 상처 ──── 235

◆ 작품해설
여성적 삶의 전통적 가치, 그 형성화 ──── 239

제1부

때로는 소꿉놀이처럼

때로는 소꿉놀이처럼

어린 시절, 나는 방학만 하면 할머니집에 갔다. 그럴 때마다 할머니는 나에게 부엌 일을 익히게 했다. 그 중에서도 밥을 짓는 일은 그다지 큰일이 아니었다. 고방에 있는 쌀을 씻어서 가마솥에 안치고 솔가지로 불을 지피면 그만이었다. 바짝 마른 솔잎들이 타닥거리며 내는 불꽃들에 정신이 팔려 나는 마냥 아궁이 앞에 쪼그리고 앉아 있었다. 이내 밥이 끓어오르고 밥물이 넘칠 때면 솥뚜껑을 밀어 입으로 후 불었다. 그러다가 밥물이 진정되면 행주로 솥 주변을 깨끗이 훔쳐내곤 했다. 그때 커다란 가마솥 뚜껑은 어른들이 여닫기에도 무거운 것이었

다. 밥이 뜸이 들기 시작하면 할머니는 나에게 밥이 말을 하는지 들어보라고 하셨다. 밥이 어떻게 말을 하느냐고 되물으면, 할머니는 밥솥의 물기가 아궁이 잔불 속에서 잦아지는 소리란다.

자작거리는 소리가 사라지고 어느새 구수한 밥 냄새가 진동했다. 밥을 다 하고 나니, 찬이 걱정이었다. 그제서야 나는 "할머니, 반찬은 뭘 만들어요?" 하고 여쭈었다. 그러니까 할머니는 반찬은 밥하기 전에 미리 준비되어야 하는 것이란다. 그러면서 예전 같으면 시집갈 나이인데, 큰일이라고 하시며 나에게 호통을 치셨다. 남의 집 며느리가 되면 나무 등걸로도 시아버지 밥상을 차릴 수 있어야 한다며, 텃밭에 나가 보면 지천에 깔린

게 반찬거리라는 게 아닌가. 그만큼 우리 할머니는 여인의 살림살이에 대해 지나치게 염려하셨다. 당연히 나는 '할머니의 잔소리'라며 싫어했다. 그랬던 일들이 엊그제 같다. 살아가면서 그런 할머니가 문득문득 떠오른다. 무심결에 찬 걱정을 할 때다. 돌이켜보니 할머니께서 일러주신 가르침이 내 삶의 깊숙한 곳에 자리잡고 있을 줄 어찌 알았겠는가.

한식 위주로 사는 우리 집의 식단은 주로 한정되어 있다. 밥과 국, 김치가 기본이므로 별다른 특징은 없다. 매일 차리는 밥상이지만 거의가 비슷해 뭔가 색다른 요리가 없는지 찾아보는 것이다. 그래서인지 이웃들과 만날 때마다 나는 찬거리 이야기를 많이 나누곤 한다.

그러던 어느 날인가. 나는 우연히 인터넷으로 내가 찾고 있는 세상을 접한 것이다. 그 속에는 내 궁금증을 풀어줄 온갖 요리가 다 들어 있었다. 내 마음은 소꿉놀이 시절로 돌아갔다. 풀잎을 짓이겨 예쁜 조개껍데기에 담아내던 옛날처럼 즐거웠다. 나는 틈만 나면 우리 가족의 입맛에 맞는 합리적인 음식을 찾아 돌아다녔다. 그러면서 남의 부엌을 엿보는 일은 나의 주 관심사였다. 그 속에서 여인들의 알뜰함과 지혜로움까지 들여다볼 수 있으니 흥미로운 일이었다.

같은 재료이지만 다른 가정에서는 어떻게 준비를 하는지도 궁금했다. 그럴 때마다 나는 메모지에 깨알처럼 적어놓고, 설레는 마음으로 요리를 하곤 했다. 기본이 되는 양념장에서부터 요리에 이르기까지 응용을 하는 일은 참으로 재미있었다. 또한 그 안에는 상식적인 것도 많았다. 알면서도 실행하지 못하고 더러는 잊어버릴 수 있는 것도 꼼꼼하게 들어 있었다. "소금이 설탕보다 알갱이가 작아 재료에 잘 스며든다. 소금을 넣은 뒤 설탕을 넣으면 단맛이 재료에 잘 스며들지 않는다. 간장 역시 마찬가지다. 설탕부터 넣어야 단맛을 낼 수가 있다. 휘발성이 있는 식초는 조리과정의 후반부에 넣는다. 향과 풍미가 중요한 간장과 된장은 지나치게 가열하면 고유의 맛을 잃게 된다. 불고기 양념을 할 때도 순서가 중요하다. 참기름을 먼저 넣으면 다른 양념이 고기에 스미는 것을 방해한다." 등이다. 지극히 상식적인 것인데도 나는 순서를 잊어버릴 때가 많다. 음식을 만들어놓고 난 뒤에 항상 느끼는 아쉬움이 아니었던가.

그 외에도 유익한 정보가 많았던 것 같다. 올해는 감자를 넉넉히 준비하여 배운 것을 적용해보기로 했다. 감자는 알칼리 성분이 많다고 해서 나는 그것을 수시로 쪄먹고 졸여 먹곤 한다. 또한 요리 정보를 응용하여 전분가루를 만들기도 했다. 식구들이 좋아하는 찜이나 탕을 만들 때마다 반드시 필요한 전분이기 때문이다.

시중에서 쉽게 구입할 수도 있지만 나는 직접 만들고 싶었다. 그리하여 먼저 손질한 감자를 잘게 썰어 물을 붓고 분쇄기에 갈았다. 죽처럼 곱게 간 감자를 물을 부으면서 체에 걸렀다. 그럴 때마다 부드럽고 미세한 녹말은 고운 체를 통과해 살포시 내려앉는다. 처음에는 탁하게 보이다가 서서히 가라앉는다. 뿌연 윗물을 따르고 또 따라내면서 감자의 부유물을 제거하는 과정을 거쳐야 한다. 다른 용도로 사용되었다면 겪을 수 없는 일이다. 그러나 자신을 깎아내고 비워내고 그것도 모자라 헹궈내기까지 하며 기다려야 하는 고통의 과정은 삶의 연단이 아닐까 싶다.

어느새 맑은 물속에 가라앉아 돌처럼 단단히 굳은 전분이 탄생한다. 그런 뒤에 마른 천을 깐 소쿠리에 덩어리진 전분을 펼쳐 완전하게 말려야 한다. 마르는 과정에서 생긴 멍울은 분쇄기로 살짝 갈아낸다. 단순한 것 같지만 세상 이치와 다를 바가 없다. 하나의 목적을 이루기 위해 나머지는 버리고 또 버려야 한다. 이것은 자신이 마모되고 걸러져야 한다는 무언의 인생철학이 아닐까 한다. 나도 그렇게 새로 태어날 수만 있다면 오죽 좋으랴. 누구에게든지 강한 응집력으로 다가서는 사람이 되고 싶다. 그 힘의 상승작용으로 생의 보람을 느낄 수만 있다면.

하얗게 만들어진 뽀송뽀송한 감촉이 너무 좋다. 요리에 넣을 때마다 음식 맛이 한결 더해질 것을 생각하니 뿌듯한 마음이 인다. 맛과 맛을 이어주는 촉매제觸媒劑, 그것은 최고의 전분가루가 아닐까 싶다. 이럴 때면 나는 언제나 소꿉놀이 어린 시절로 다시 돌아간다.

소리의 굴레

잠결이었다. 어디선가 "배고파요, 밥 주세요." 하는 소리가 들렸다. 화들짝 잠이 깨여 벌떡 일어나니 손전화기였다. 그런 기능이 있는 줄 진작부터 알고는 있었지만 이렇게 잠을 깨우게 할 줄은 몰랐다. 새삼 나의 예민함이 미웠다. 거실에 두었던 전화기였는데 한밤중의 고요 때문인지 안방까지 파고들었다. 잠은 이미 천 리 밖으로 도망을 가버렸다. 그렇지 않아도 불면증에 시달려 겨우 든 잠이었다. 기가 막혔다. 손전화기가 전한 내용이 틀린 것은 아니다. 충전이 된 새 배터리로 교체해달라는 당연한 안내였는데 잠이 깨어 일어나니 씁쓸했다. 이른 새

벽, 잠은 오지 않고 곰곰 생각해보니 차라리 손전화는 없는 게 나을 것 같았다. 집에 있는 시간이 더 많은데 굳이 이중으로 전화를 두어야 하나. 잠깐 외출을 한다거나 집을 떠나 있을 때는 세상을 잊고 바람소리와 물소리만 듣고 싶다. 자연이 주는 맑은 곳에만 귀를 기울이고 싶다. 마음은 심산유곡深山幽谷을 향하는데 세상은 그렇지 않는 것을 실감한다.

이제 손전화는 필수품이 되고 말았다. 아이들부터 노인에 이르기까지 손전화 덕분에 우리는 편리한 세상에 살고 있다. 언제 어디서든 통화가 가능해 온갖 소식들을 접한다. 그래서 일까. 순간순간 확인을 하고 긴장을 늦추지 못한다. 잠시 사색에 잠길 수도, 눈을 붙일 수도 없다. 신호음은 물론 큰소리로 통화를 하는 탓에 고역이다. 곳곳에 안내문을 비치해 두었건만 아랑곳없다. 여기저기서 울려대는 벨소리에 내 탓 남의 탓을 따질 수조차 없다. 나 역시 예민해지는 것은 사실이다. 두 귀가 하루 종일 소리만을 쫓아가기 때문일까. 마음까지 너그럽지 못하다.

우리들은 자연스럽게 모든 문명들에게 길들여지고 있다. 그 명령에 따라 생각을 바꾸기도 한다. 밥만 하던 밥솥도 말을 하고 현관에 붙어 있는 자물쇠도 말을 한다. 실수로 문이 열려 있기라도 하면 사람보다 더 냉철하게 지적을 한다. 은행에 가면 현금지급기도 말을 한다. 길을 안내하는 네비게이션은 또 어떤가. 목적지를 이탈하면 온통 난리다. 우리들보다 더 많은 말을 한다. 또 그런 것에 익숙해져 있다.

그래서일까. 우리들은 점점 말을 잃고 있다. 이웃과도 대화가 사라지고 있다. 쓸데없는 말로 곤혹스러움을 당하느니 차라리 침묵이 나은 것일까. 모두가 모르쇠다. 책임을 지지 않겠다는 양면성이 있다. 내가 말하지 않아도 누군가가 하겠지 하는 안이함인가. 깊은 우물 속보다도 더한 사람의 마음은 알 수가 없다. 가정에서도 점점 대화가 사라지고 있기는 마찬가지다. 손전화에게도 어느 정도는 책임이 있다. 예전에는 전화를 바꿔 달라는 부탁은 당연했다. 그러면서 함께 안부를 전하던 인심도 있었다. 하지만 요즘은 손전화시대다. 당사자에게 무조건 직통이다. 굳이 다른 사람에게 불필요한 말은 하지 않겠단다. 집 전화는 침묵하고 있으니 무언의 사유事由이다. 곁에 있는 가족은 철저히 배제된다.

애초에 전화의 사명은 소통이라고 했다. 내 의견이나 의사가 전파를 타고 상대방에게 전달되어 잘 통하는 것을 말한다. 얼굴은 볼 수 없지만 생각이나 마음이 느껴지는 정적인 산물이다. 전화를 떨림의 매체라 했다. 미세한 전파가 신호를 따라 상대에게 건네진다. 기지국을 타고 건너온 신호에 전화기가 진저리칠 때 나의 떨림과 너의 떨림이 만난단다. 신호들의 교환행위가 전화의 발달사를 떠받쳐온 바탕이란다. 전화가 종종 사랑의 메신저로 둔갑하는 것도 속성의 떨림을 감추기 힘든 탓이라고 했던가. 그래서인지 누군가와 웃고 속삭이는 것을 보면 모두가 다정한 연인 같다. 발신자가 누구냐고 캐묻는 것도 지나친 사생활 침해인 것 같아 그만 입을 다문다.

손전화는 나를 구속하고 또 나의 존재감을 확인시켜주는 이중성이 있다. 집을 나설 때 분명히 가방 속에 넣었는데 없다. 수시로 찾아헤매는 일이 다반사다. 어느 구석에 들었는지 온 가방을 뒤지고 한참을 찾는 정성이란 겨우 찾아놓고 보면 더 허허롭다. 아무도 날 찾는 이가 없다는 사실이 더 공허하다.

깜빡 잊고 집에 두고 와도 불안하긴 마찬가지다. 혹시 그 사이에 급한 일로 연락이 되지 않았던 것은 아닐까 하며 공연히 마음은 편치 않다. 설마하는 생각에 잠깐 손에서 벗어나면 꼭 그때 문제가 발생한다. "부재중전화" 아는 번호는 그대로 누르면 되지만, 낯선 번호는 글쎄다. 잠깐 동안의 자리 이탈에 내내 궁금하다.

잠시 바깥나들이로 바쁘다. 근데 손전화가 없다. 방금 본 것 같은데 흔적이 없다. 그냥 나가려다 다시 애타게 찾아헤맨다. 안타까움에 나의 손전화에 전화를 건다. 왠지 타인에게 거는 전화번호처럼 낯설다. 정확하게 열 자리의 숫자가 전달되었나 보다. 어디선가 잔잔한 음악소리로 대꾸한다. 가족 누군가가 펼쳐둔 신문지 밑에서 "나 여기 있다."며 소리를 친다. 어쩔 수 없이 또 동행을 한다.

액자 속의 풍경

추운 겨울이 오기 전에 지붕을 이는 것은 아버지의 연례행사였다. 가을걷이가 끝나면 마당 한쪽에는 벼를 수확한 짚들로 가득 차 있었다. 짚둥우리로 채워진 공간에 이엉을 엮는 아버지의 바쁜 손길이 느껴졌고, 서걱거리는 볏짚들의 속삭임도 있었다. 아버지는 짚을 헤아리지도 않으면서 똑같은 크기로 이엉을 엮어나갔다. 나는 그것이 참으로 신기했다.

아버지 곁에서 잔심부름을 하다가 심심해졌을 때였다. 나는 친구들과 같이 우리 키만한 짚단의 끝을 훌쩍 뛰어넘는 놀이를 했다. 그러다가 아버지께 야단을 맞았던 적도 있었다. 이엉은 내가 살고 있는 집을 씌우는 소중한 덮개이다. 비와 눈바람, 추위와 햇빛까지 막아주는 까닭에 아버지께서는 그것을 매우 신성하게 여겼다.

윗채 아래채 분의 이엉을 다 엮고 나면 지붕을 이는 날을 잡았다. 이웃이 서로 도와가며 지붕을 이는 날이면, 아침부터 어른들의 목소리로 온 동네가 떠들썩했다. 묵은 썩은새가 마당에 던져지고 새 이엉으로 단장되면 집을 새로 지은 것처럼 보기가 좋았다.

지금은 내가 살던 마을에 초가집은 찾아볼 수가 없다. 멀리서 바라보면 옹기종기 머리를 맞댄 것처럼 정다웠었는데 이젠 흔적조차 보이지 않는다. 해마다 이엉을 갈아야 했던 기억마저 잊혀지고 있다. 굽은 골목을 돌아 고샅길로 들어서면 얼기설기한 사립문이 돌담에 기대 서 있다. 푸근함에 젖어들면 정겨움이 묻어나고 외양간에 있는 소가 큰눈을 껌벅인다. 삐꺽거리는 우리 집 부엌문을 열면 검은 가마솥이 있었다. 반질반질하게 윤이 나던 솥뚜껑은 살며시 밀어야 열 수 있었던 무쇠솥이었다. 그 솥에서 지은 밥은 찬이 없어도 맛이 있었다. 밥을 퍼내고 나면 곱게 눌은 밥이 있었다. 뚜껑을 조금만 덮고 있어도 고소한 누룽지가 만들어지곤 했다.

힘들고 질박했던 시절이었지만, 그때는 따뜻한 인정이 살아

있었다. 그만큼 초가지붕 속에 우리의 삶이 고스란히 녹아 있었던 것이다. 마당 가 둥근 멍석에는 손질이 덜 된 콩이며 팥을 내다 널었다. 따사로운 햇빛 때문인지 해질 녘에는 곡식들이 고운 구슬처럼 반짝였다. 둥우리 주변으로 돌아다니던 병아리들도 있었다. 뜨락에서 작은 부리로 콕콕 쪼아대던 앙증스러운 모습은 아직도 눈에 선하다. 이웃과의 돌담이 있었지만 그것은 벽이 아니었다. 울퉁불퉁 투박해 보였지만, 서로가 넘나들 수 있는 고향의 인심이었다.

내가 살던 초가집에는 사람만 사는 것이 아니라 쥐나 참새 굼벵이들까지 함께 살았다. 흐르는 산천도 모두가 자연 그대로였다. 그 속에서 내가 살아온 것이다. 겨울이면 처마 끝의 고드름이 또 하나의 간식거리가 되었다. 맑고 투명한 얼음 속에 지푸라기가 들어 있어도 개의치 않았다.

먼 산에 잔설이 녹을 때면 가지마다 움이 트고 산과 들이 파랗게 물들기 시작했다. 어느새 한 그루씩 피어나던 진달래가 분홍 물감을 풀어 놓은 듯했다. 송아지 울음소리가 절정에 이를 때면 어느새 눈앞은 여름이었다.

우리 집 서까래 밑은 어머니만의 공간이었다. 그곳은 통풍이 잘 되고 서늘하여 음식을 보관하는 장소였다. 손때 절은 소쿠리가 여기저기 걸려있었는데, 나는 그 속을 수시로 들여다보았다. 먹을 것이 귀한 시절이라 혹시나 하며 먹거리를 기대했었다. 하지만 그 속에는 내가 원했던 것은 들어 있지 않았다. 어쩌다 어머니가 남겨두셨더라도 들락거리던 다른 형제들의 손을 탄 것이 분명했다. 언제나 담겨 있는 것은 보리쌀 삶은 것과 마른멸치 몇 줌뿐이었다.

이러한 기억도 이제는 아스라이 사라져간다. 세월 따라 세상이 변해버린 것이다. 도회지의 높은 빌딩이 답답해 보여 가끔씩 고향으로 달려가지만 초가의 모습은 어디에도 보이지 않는다. 지붕을 갈지 않아도 될 정도로 주거문화가 많이 달라졌다. 돌담을 사이에 두고 나누던 정담도 이제는 옛이야기가 되었다.

초가에서 우러나는 정서를 잃어서일까. 나는 세상이 많이 편리해졌는데도 삶의 여유를 잃고 살아갈 때가 많다. 그것은 내 안에 콘크리트 벽이 있어서가 아닐까. 그렇게 단단하게 나를 감싸주는 데도 나는 언제나 시린 마음을 안고 산다. 그럴 때마다 나는 불현듯 아버지의 이엉을 떠올리며 어릴 적 그 시절로 달려간다. 거기엔 솜털 송송한 박이 달빛에 걸려 있고, 멍멍이가 꼬리를 살랑거리던 초가 한 채가 살아 있기 때문이다.

빨래터

내가 살던 동네에는 큰 냇가가 있었다. 언제나 맑은 물이 흐르고 있었고 파란 하늘에 구름까지 떠 있었다. 그곳은 산골짜기 청정한 곳이라 물이 맑았다. 사람들은 위쪽에 있는 물은 식수로 사용했고, 조금 밑에서는 푸성귀를 씻었다. 아래쪽 떨어진 곳에서는 빨래를 했다. 이른 새벽부터 아낙들이 하나 둘 모여들어 나물도 씻고 빨래도 하고 냇가에는 하루 종일 인적이 끊이지를 않았다.

드문드문 놓여진 납작한 빨랫돌은 내 오래된 지기였다. 마을 사람들의 옷가지들을 빨아주느라 자신을 내놓고 햇볕에 바래고 물에 잠겼다. 큰물이라도 지면 물속에서도 뽀얗게 속살을 비춰

주었다. 아무리 방망이를 휘둘러도 부서지거나 마모되지도 않고 낮은 곳에 자리한 몸을 내주었다. 비스듬한 경사를 따라 비눗물이 흘러내리고, 맑은 물 한 줌도 기꺼이 받아주었다. 바라만보아도 편안하게 느껴지는 이 고요는 나만의 즐거움이었다. 투명한 자갈돌 모래알들도 눈이 부셨다. 이 한적함이 더욱 좋았다.

빨래터에 나만의 정적은 이내 사라지고 갑자기 왁자지껄했다. 대야를 이고 오는 모습들이 보이면 서로 빨래하기에 편한 돌을 차지하려고 앞다투어 달려갔다. 그 모습을 서로 바라보며 웃음짓던 시절이었다. 아주머니들이 두세 명 모여 앉아도 수다는 넘쳐났다. 반듯한 빨랫돌을 기대하며 차례를 기다리기도 하고, 또 하나의 자리를 만든다고 첨벙거리며 흙탕물을 만들곤 했다. 부연 흙물이 가라앉을 때를 기다리며 옆 사람의 눈총을 받는 것은 당연했다.

다시 냇물이 맑고 잠잠해지면 물속에 나의 두 발을 담근다. 놀란 송사리 떼가 도망을 치는 순간 부드러운 촉감이 나의 발을 간지럽혔다. 물밑 그들만의 세상에 내가 침범한 것이다. 여전히 빨래터에서는 수나스러운 이낙들의 말도 많았고 작은 동네 소문도 많았다. 두런거리던 이야기소리가 어느새 깔깔거리는 웃음으로 변했다. 그런가 하면 이내 퉁퉁거리는 방망이 소리가 메아리쳤다.

어른들의 옷은 주로 베옷이었다. 할머니는 나에게 빨랫감을 챙겨주며 냇가로 보내셨다. 무명옷과 옥양목으로 만들어진 일상복들이라 작은 손으로 빨기에는 벅찼다. 풀기가 아직 남아 있던 빨랫감은 두세 가지만 해도 대야를 그득하게 했다. 하지만 물속에 담그기만 하면 금방 부드럽게 변했다. 반듯하게 생긴 바위에 빨랫감을 놓고 비누질을 하고 문질렀다. 소매 끝이나 목 부분은 꼼꼼하게 살펴가면서 여러 번 빨고 방망이로 두드렸다. 부연 비눗물은 올 사이사이의 더러움까지 함께 씻어내 눈이 부시도록 희었다.

빨래들이 말끔해지고 어수선한 마음까지 깨끗해지면, 흐르는 물에 얼굴도 씻고 머리도 감았다. 까맣게 윤이 나던 반질반질한 머릿결이었다. 신고 있던 고무신까지 말끔하게 닦았던 기억이 새롭다.

지금은 기계가 모든 것을 해결해 준다. 세탁기 속에 빨래와 세제를 넣고 버튼만 누르면 된다. 물 조절과 함께 세탁에서 탈수까지 모든 것이 자동화되어 있다. 그만큼 세상은 좋아졌다. 이제는 빨래 걱정은 없다. 그런데도 대야에 물을 채우고 빨 옷들을 분류해서 담궈 놓고는 옛날처럼 그렇게 앉아서 빨래를 한다. 내 눈앞에는 넉넉한 냇물이 펼쳐져 있고, 주위로는 한가로운 풍경이 떠오른다. 깊은 동네의 바람소리도 들려오는 것 같다. 먼저 담궈진 빨랫감들이 물기를 가득 머금었다. 촉촉하게 느껴지는 감촉들이 부드럽게 다가온다. 가볍게 헹궈내는 게 있는가 하면 바닥에 길게 펴놓고 솔질을 해야 하는 빨랫감도 있다. 두 손으로 비벼대면 숨어 있던 더러움은 비눗물에 살며시 따라나오고 하얀 거품이 꼭 눈 같다.

이제는 방망이로 두드려야 하는데 이때가 제일 아쉽다. 마음 같아서는 힘껏 두드려 보고 싶지만 그게 늘 여의치 못하다. 두어 번 방망이질을 하다가 슬그머니 그만두고 만다. 아파트의 공간은 아무래도 예전 같지 않다. 그렇지만 옛날처럼 빨래 방망이로 힘껏 한 번 두드려 보고 싶다. 그러다 보면 내 안에 들어 있는 일상의 묵은 찌꺼기도 말끔하게 씻겨질 것만 같다. 또 깊숙한 곳에 숨어 있는 마음의 먼지까지도 헹궈내고 싶다.

입고 나선 옷에 작은 얼룩이라도 생기면 몹시 신경이 쓰인다. 얼른 닦아내고 싶어 안달이다. 남들은 예사롭게 생각하는데 우선 자신들 마음이 편치 않은 까닭이다. 그것 때문에 물이 있는 곳으로 달려간다. 얼른 지르잡기를 해서라도 꼭 뺄아내고 만다. 우리의 마음도 남의 이목보다 내 자신을 위해서 깨끗하게 살아가면 좋겠다. 겉으로는 모든 것을 다 갖춘 것 같은데 인간의 내면은 혼탁하기만 하다. 얼른 눈에 보이는 깔끔함도 좋지만 보이지 않는 우리 내면이 맑고 더 순수하다면 얼마나 좋을까.

외눈박이 사랑

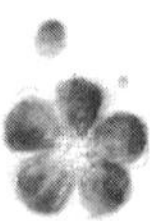

한적한 시간 때문일까. 아래층 벨소리가 유난히 크게 들려왔다. 한참 뒤였다. 또 다시 들리는 것이 이번에는 분명 우리 집 초인종소리였다. 가끔씩 잡상인들의 왕래가 있었던지라 그러려니 하며 내다본 순간, 깜짝 놀랐다. 그 화면 속에는 어머님께서 서 계셨다. 현관문을 열고 나서며 연락도 없이 웬일이냐며 맞아들였다. 어머님은 지팡이를 의지해 계단을 걸어 올라오셨다. 온 얼굴은 땀에 젖어 있었다. 안타깝고 측은해서 화가 났다. 미리 연락을 주셨다면 좋았을 걸. 한참이나 먼 거리를 걸어오신 것이다. 게다가 엘리베이터 이용법을 몰라 고생하신 것을 보니 기가 막혔다. 올해로 미수를 맞았다.

무슨 일인데 이렇게 힘들게 오셨냐고 여쭈었더니 눈이 불편하시단다. 오는 길에 병원이 있는데도, 아이처럼 나와 함께 가시고 싶었나 보다. 병원에 가는 게 급선무였다. 걸어오시느라 힘들었을 텐데, 병원부터 가시자니 금방 일어나신다. 이제 늙으셨나 보다. 자식한테 성가신 일은 누구보다 싫어하시던 분이 아픈 다리를 부여잡으며 고분고분한 아이 같다. 나는 또 어머님께 엘리베이터 이용방법을 말씀드렸다. 잦은 병원 출입이라 예전에도 몇 번을 가르쳐 드렸다. 하지만 자꾸만 잊어버린다며 희미하게 웃으신다. 잡은 팔목이 참 가늘게 느껴졌다. 삭정이같이 말라버려 가냘프고 왜소했다. 젊은 시절에는 느껴보지 못한 애긍한 마음이 든다. 어머님을 뒷자리에 모시고 달려온 거리보다, 병원을 오르는 가파른 계단이 더 힘들다. 몸은 점점 노약해지는데, 익숙하지 않은 구조물들이 힘드실 것 같아 안타까웠다. 접수를 하고 여러 가지 검사를 했다. 병명은 "후발성 백내장"이라고 했다. 흔히 오는 노인성질환이었다. 혈압과 당뇨 때문인지 여러 차례 시약을 넣었다. 동공을 확대해서 간단히 시술하는 것이라고 했지만 시간이 많이 걸렸다. 한참 뒤 치료가 끝났다. 어머님은 외눈박이처럼 한쪽 눈을 안대로 가리고 나오셨다. 그래서일까. 마른 얼굴이 더 작아 보였다.

어머님은 평생 아들만 사랑하셨다. 다른 누구는 가슴에 담지 않았다. 비목어처럼 외눈박이 눈먼 사랑이었다. 삶이 그러했던가. 고운 얼굴의 어머님은 더 이상 여자가 아니었다. 남자들이 하는 일도 어머님은 거침이 없었다. 혼자 살아온 삶이 언제나 위기였을까. 삶터로 달려나가는 전사 같았다. 전투복의 근엄한 표정처럼 어머님의 웃는 모습을 뵌 적도, 말씀 또한 없으셨다. 당연히 며느리인 나에게도 마음을 열지 않으셨다. 가난한 신혼 때였다. 입덧 때문이었을까. 새콤한 풋사과가 유난히 먹고 싶었다. 빠듯한 월급으로는 그것마저도 사치였다. 마침 어머님께서 남편의 생일상에 큰 사과 몇 개와 작은 것 몇 개를 사오셨다. 속으로 얼마나 기뻤는지 모른다. 이제나 저제나 하며 사과 먹을 생각으로 부풀어 있을 때였다. 어머님은 출근하는 남편에게 "얘야, 크고 좋은 사과는 너가 먹어라." 고 하셨다. 그 순간 얼마나 서러웠는지 모른다. 모든 것이 낯설고 여의치 못한 탓에 섭섭함은 더했다. 내 마음은 언제나 한파에 드러난 맨살처럼 춥고 한기가 왔다.

그런데도 삼십 년의 세월은 무엇일까? 강산이 세 번이나 변한다는 짧지 않은 성상이다. 나를 지탱하게 해 준 것은 새삼, 자식의 눈에 비친 어머니라는 도리가 아니었을까. 때론 자신의 안온함에 흔들릴 수도 있으련만 강철같이 강한 모성으로 그 자리에 서 있다. 오직 분신 같은 자식뿐이다. 자신의 삶보다는 서른의 나이에 홀로 된 삶을 자식을 위해 바쳤다는 사실이다. 행상을 하며 자식들을 섬에서 넓은 세상으로 보내 학문을 깨닫게 한 것도 그렇다. 마음의 문을 열어 당신 안에 누구를 맞아들인 일이 없으니 모든 것을 내가 허물어야 했다. 얼마든지 새로운 길을 갈 수도 있었으련만 자신을 지켜나간다는 게 쉬운 일이겠는가. 자식에게 언제나 미안하다는 어머님. 방 한 칸도 마련해주지 못했다는 죄책감은 평생 지울 수가 없단다. 자식에게 부담주지 않는 마음은 언제나 한결같다. 남의 자식들과 비교하지 않는 어머니가 많지 않다. 연세가 들면 애기가 된다지만 아직은 올곧다. 나를 낳아준 어머니에게서조차 느끼지 못했던 경의敬意다. 그래서일까.

이제 나에게 그렇게 약속했던 어머님이 측은하다. 뒷자리에서 아까부터 병원비에 대해 물으신다. 신경 쓰시지 말라고 해도 조금 가다가 또 많이 나왔지 않느냐고 물으신다. 이번에는 정확한 금액이다. 엉겁결에 나도 모르게 "예."라는 말이 튀어나왔나. 집에 도착하자마자 속곳 깊숙이 든 쌈지를 풀어 들이미신다. 내가 니희들 성기시게 해서는 안 된다는 원치이다. 예나 지금이나 변함이 없다. 외눈으로 가린 시야가 갑갑하신데도 안대를 풀기보다는, 단호하게 분명한 셈을 먼저 치르는 어머님. 당신은 분명 외눈박이 사랑이셨다.

벅수 이야기

대문을 나서는데 또 한바탕 소란이 났다. 내 등을 향해 어디를 가느냐고 난리다. 이렇듯 문만 나서면 득달같이 달려와서 우렁차게 짖어댄다. 이 신경전을 모면하기 위해 아무리 딴전을 피워도 나에게만 가해지는 공격은 어쩔 수가 없다. 그것도 평소에는 정말 숨소리조차 내지 않고 입도 달싹하지 않으면서 나만 보면 행패다. 고샅길에는 옆집, 뒷집 오가는 사람도 많건만 관심조차 없다. 손님이 오나 잡상인이 오나 모르쇠다. 자신의 밥그릇에 담긴 밥을 새나 고양이가 먹고 가도 그러려니 한다. 양은 밥그릇은 몇 번씩이나 달그락거리는 소리를 내건만들은 체 만 체다.

그러면서 내가 어디 나서기만 하면 그때서야 힘차게 짖는다. 주위의 발자국소리에는 아랑곳하지 않으면서 나의 일거일동에만 예민하다. 잡상인이 대문을 두드리며 아무리 귀찮게 해도 눈만 지그시 감고 있다. 혹시 빈집이라고 담이라도 뛰어넘어오면 어떡하나, 안절부절못하며 도움을 기다리고 있건만 시종일관 묵비권이다. 벅수는 배포가 유하고 밴댕이 속 같은 나만 애를 태운다. 밖에서는 여전히 벨을 누르며 문을 따주기를 재촉하고 좌불안석이다. 어쩌란 말인가.

경호警護를 맡겨놓고 미덥지가 않다. 묵묵부답하면서 현관문 앞에서 떡 버티고 누워만 있다. 저렇게 이율배반적인 행동을 하면서 저 자리를 지키는 것은 뭘까. 변함없는 주인을 위한 충성심인 것 같기는 한데 나는 그것이 싫다. 단지 우렁찬 소리라도 한 번 내어 주면 좋겠다. 그야말로 개잠을 자는 건지 문을 여닫을 때마다 성가시다. 힘도 세고 덩치가 있어 막무가내다. 언제나 그 자리에 주저앉아 버린다. 그러다 보니 주객이 전도된 것 같다. 들락거리는 것마저 눈치가 보인다. 별일도 없으면서 괜히 왔다갔다한다고 나에게 짜증을 내는 것 같다. 어쩌다가 몸을 일으키는 동작은 굼떠서 애가 탄다. 끼니때가 되면 어슬렁거리고 밥만 먹고는 또 그 자리다.

그런데 남들은 영리하게 생겼다느니 어디가 달라도 다르다면서 좋아한다. 물론 내방객들은 자신들을 향해 으르렁거리거나 피곤하게 하지 않는 것에 후한 점수를 준다. 다행히 저 개가 조상을 잘 만나서 다들 이름만 대면 껌뻑 넘어간다. 그런 것 보면 짐승 역시 혈통이나 가문도 중요한가 보다. 그렇다면 자신의 행동은 모름지기 가문의 체통을 생각해서일까?

몇 해 전 뉴욕의 세계무역센터가 테러공격을 받았을 때였다. 이 빌딩 고층에 입주해 있던 시각장애인이 안내견의 도움으로 무사히 건물을 빠져나왔다. 개가 재난이 닥친 것을 먼저 알고 주인을 구출한 것이다. 물론 특수한 훈련으로 사육된 동물이긴 하지만 그 영특함에 놀라웠다. 그랬는데 우리 집 저 벅수는 도대체 뭔지 모르겠다. 무슨 득도得道를 한 것도 아닐 텐데, 군림하려는 듯 눈만 감고 있다. 그렇다고 먹는 것까지 논하기엔 치사하다 하겠지만……. 이 눈치 저 눈치 봐가며 얻어오기도 하고, 벅수가 좋아하는 것이라면 비릿함마저 감수한다. 밥 주는 성의를 봐서라도 저러면 안 되는데.

강아지 때는 참 귀여웠다. 작은 몸짓으로 애교를 부릴 때는 가족들 모두가 얼마나 좋아했던가. 날쌔고 영리했다. 마당이며 뒤뜰로, 때로는 우리들의 무딘 발끝에 밟혀가면서도 앞서거니 뒤서거니 따라다녔다. 어둔 귀갓길 저만치서부터 두 귀를 쫑긋거리며 마중을 나왔고 작은 소리도 함께 나누었다. 그러기에 또 한가족으로 맞아들이며 깊은 믿음과 확신을 담아 이름을 지었다. 마을 어귀에 서 있는 표목처럼 평화와 안녕을 기원하며 "벅수"라고 했다. 그랬는데 애초에 이름을 잘못 지었는지, 아니면 지나친 기대를 걸었던 것일까. 무사태평이다.

벅수가 날더러 뭘 그렇게 조급하게 생각하느냐고 한 소리 할지 모른다. 아직까지 크게 짖을 일이 없었다면 정말 할 말은 없다. 아무런 일도 없는데 시끄럽게 짖는 것도 이웃들에게 공해라고. 그렇다고 자신이 직무를 소홀히 해 손해를 보였거나, 본분을 거슬러서 누구에게 위해를 가하거나 상해를 입힌 적도 없다. 그렇게 따지고 든다면 어불성설語不成說이다. 오히려 일침을 놓을지도 모른다. "너나 잘하라고." 할 것 같다. 나에게만 언질하는 벅수의 저의를 관심의 표현으로 받아들여야겠다. 쓸데없이 나다니거나 관여하지도 말고. 바람결에 들리는 소리에는 침묵을 지키라는 것이 아닐까. 인간적으로 생각하면 속이 상하겠지만 어디까지나 동물에 불과한 것을. 짐승이라고 적대감을 갖거나 미워할 수도 없는 일이다. 오늘도 대문을 나서는 내게 했던 것은 언제나 같은 잔소리였다. 그러면서 어디까지나 노파심이라고 일러준다. 한참 동안이나 벅수의 우렁찬 소리만 귓전을 울린다.

동백

지난해 화단 보수를 했다. 그 과정에서 이십 년도 넘은 동백나무를 옮겨 심었다. 생각처럼 쉬운 일은 아니었다. 동그랗게 원을 돌려 뿌리를 파내는 작업도 힘이 들었고, 가지를 쳐야 하는 과정도 안타까웠다. 무심히 잘려나가는 모습이 안쓰러워 가지를 땅에 묻어 두었다. 며칠 지나지 않아 추위가 찾아들었다. 자리를 옮겨 앉은 동백이 채 뿌리도 내리지 않았는데 서둘러 찾아온 겨울이 원망스러웠다. 주변의 흙들이 모두 얼어 서릿발처럼 푸석거렸다. 큰일이었다. 작업이 자꾸만 지연되더니 결국 이런 일이 발생하고 말았다. 안타까움에 동백을 바라보았다. 혹시 얼어버린 것은 아닐까. 하루에도 몇 번씩 들여다보았지만 관심은 오직 큰 나무였다. 이듬해 봄이 되었다. 큰 동백나무에도 푸르름이 찾아들었고 작은 가지에도 새잎이 어느새 돋아 있었다. 자연의 모습은 나를 흥분하게 했다. 사철 윤기 있는 푸른 잎사귀를 간직한 동백은 어려서부터 보아왔다. 고향집에도 동백나무가 있어 그 속에서 고운 꿈을 꾸기도 했다.

동백은 차과의 늘 푸른 나무다. 처음에는 산다화라고 불렸다가 겨울에 핀다 하여 동백冬柏이라 했단다. 동백은 따뜻한 남쪽지방이나 섬 지역 바닷가가 군락지라 우리나라 어디에서라도 쉽게 볼 수 있다. 섬을 감싸고 있는 울창한 동백 숲에 햇살이 머물 때면 잎사귀들이 유난히 반짝거렸다. 꽃이 피면 아름다움은 이루 말할 수가 없다. 꽃잎이 합쳐지면서 통꽃의 붉은색 꽃잎과 노란색 꽃술의 조화는 극치를 이룬다. 하나 둘 등불이 켜지듯 동백꽃이 피어나면 빨간 불을 밝힌 듯 눈부시다. 푸른 잎 사이로 살짝 얼굴을 내밀면 청사초롱을 드리운 것 같다. 이른 아침 붉은 꽃잎에 살짝 내린 빗방울을 보았다. 이슬처럼 맑은 결정체가 꽃 속에 숨어 영롱하게 빛나고 있었다.

동백꽃은 추위 속에서 피어나 동박새에 의해 수정이 되는 유일한 꽃이다. 벌 나비가 오지 않는 이른 봄. 새들에 의해 수정이 되는 특이한 꽃이다. 강인한 생명력으로 밭 귀퉁이나 빈집 마당가에도 당당하게 서 있던 동백나무. 추위 속 해풍이 엄습해 와도 동백나무는 끄떡없이 꽃을 피운다. 예로부터 동백은 청렴하고 격조 높은 인간의 이상적인 모습으로 기리어 왔다. 조선시대의 선비들은 동백을 매화와 함께 엄한지우嚴寒之友에 넣어 선비 곁에 두었다. 소나무와 대나무가 추운 겨울에도 푸르름을 지녀 절개를 나타내지만 그들은 결코 꽃을 피워내지는 못한다. 하지만 동백은 이른 봄이 아닌 한겨울에도 꽃을 피워 추위를 견디는 그 기개를 더욱 좋아한다. 은은한 꽃내음에 봄은 깊어 가고 시들지도 않은 꽃봉오리가 뚝 떨어진다. 아까운 생각에 꽃송이를 주워 든다. 티 하나 없는 고운 모습이다. 이미 생명을 다한 것이라고 하기에는 애절하다.

동백은 또 다른 생명을 잉태한다. 어느 틈에 동그랗게 생긴 열매가 자란다. 따가운 여름 햇살에 볼을 붉히며 계절과 함께 여문다. 동백 씨다. 늦가을이면 담을 넘어선 동백을 보고 행인이 찾아든다. 민간요법에 쓴다며 씨를 얻으러 왔다. 씨는 다 떨어지고, 빈 꼬투리만 달려 있었다.

동백은 우리들과 인연이 깊은 나무인가 보다. 동백꽃을 보고 있으면 새댁의 고운 옷차림이 생각난다. 목숨은 푸르고 정은 불꽃 같으라고 입었다던 녹의홍상錄衣紅裳. 연두색 저고리와 다홍치마를 입은 여인의 모습이다. 동백꽃에 그 앳된 여인네의 아름다움이 스며 있을 줄이야. 나이를 먹어도 그때의 설렘이 남아 있다.

꽃처럼 고왔던 시절 모든 게 두렵고 조심스러웠지만 지나고 보니 아름다운 순간들이다. 여인으로서의 조신함과 바른 행동, 사람으로서의 도리를 생각하게 하는 부인지덕婦人之德의 꽃이다. 어느 집 부녀자들이 한 치의 소홀함이 있었을까? 곱게 분을 바르고 머리에는 동백기름으로 모양을 낸 여인네들이 떠오른다. 반듯한 이마와 흐트러짐이 없는 가르마에 모시 치마저고리를 입었다면 얼마나 멋스러울까. 그 속에 어우러져 시나 묵화 속에 동백이 소재가 되었을 것이다. 동백을 보고 있으면 우리의 여인상을 보는 것만 같다. 모성과 같은 강인함으로 척박한 땅, 파도가 철썩이는 해변가에서 뿌리를 내리고 삶의 둥지를 튼다. 칼바람에도 고운 꽃을 피우는 모습은 우리 어머니들의 모습이다.

가끔씩 동백 숲길을 걷는다. 어느새 울창해진 그 품속에서 새소리도 함께 들려온다. 변함없이 맞이주는 여유, 그 멋스러움이 좋다. 의연하고 기품 있는 숲에 내 마음의 동백 한 그루 내려놓는다.

반보기

그는 집을 나선다. 가벼운 등산복 차림에 밀짚모자와 수건을 두르고 차에 시동을 걸었다. 차는 아파트 숲을 지나면서 툭 트인 바다를 만난다. 바람도 없는 바다가 거울같이 맑다. 늘 보던 바다지만 기분까지 상쾌하다. 조금만 더 지나면 자신이 다니던 학교다. 잠깐 추억에 젖다가 콧노래를 부른다. 차를 달려서 산등성이를 돌아가니 고향마을이 나오고 이내 좁은 진입로다. 이곳이 틈만 나면 달려오는 작은 텃밭이다. 초입부터 누렇게 익은 호박이 눈인사를 한다. 얼기설기한 시렁 밑으로 팔뚝 같은 수세미가 힘자랑을 한다. 감나무에는 때 이른 홍시가 열려 있다. 미처 돌봐주지 못해 꼭지 부분이 허옇다. 때맞춰 약을 치거나, 적기에 씨를 뿌리고 가꾸는 것이 쉽지 않다. 그야말로 주말농장이다. 이쪽 끝에서 저쪽까지 한 걸음씩 찬찬히 살펴본다. 무화과 가지에는 아직 먹을 만한 게 달려 있다. 이리저리 가지를 뻗어 큰 잎사귀 밑으로 터져 농익어버린 것도 여럿 있다. 손길은 마음을 따르지 못하고 수확은 시원찮다. 시간만 나면 투자를 하고 쉬는 날까지 반납하는데도….

발밑으로는 파릇하게 움이 트고 있었다. 갓 씨를 뿌려놓은 듯하다. 어머니는 또 그 사이에 상추도 심어두셨다. 하지만 언제나 말씀은 없으셨다. 그저 서로의 흔적으로 어머니의 모습을 느낄 뿐이다. 지난주에는 홍시가 말뚝에 올려져 있었다. 아직까지 어린아이로 보이는, 언제 올지 모르는 아들 생각에 집어가시지도 않고 올려두셨다. 나무 틈 사이에 심겨진 수확량은 당연히 많지 않다. 그야말로 참깨나 들깨나 한 움큼이다. 그런데도 사철 내내 씨를 뿌린다. 그것마저도 거둬들이지 못하니 당연히 일은 어머니 몫이다. 옹이 박힌 손길로 말갛게 손질한 곡식들을 밭이랑에 숨겨두었다가 내미신다. 꽁꽁 동여맨 자신의 삶처럼, 비닐 속에는 알곡 두세 홉이 들어 있다. 한평생 힘들었던 삶이 또 아프게 다가온다. 제발 그렇게 하시지 말라고 부탁드려도 소용이 없다. 형님 내외가 아무리 쓴소

리를 해도 막무가내다.

저 멀리서 어머니의 모습이 보였다. 불편하신 몸은 운신하기에도 지쳐 보인다. 행여나 하며 아들을 보기 위해 한길을 돌아 동구밖까지 나오셨다. 악화된 관절염 때문에 다리를 절뚝거리신다. 작은 밭 언저리에서 모자간에 해후를 한다. 이름하여 반보기다. 보고 싶은 마음에 어머니는 아들이 눈에 밟혀 안달이시다. 아직도 자신의 눈에는 어린애로 보이시는 걸까. 무거운 발걸음은 밭으로 찾아나섰다. 이런 어머니를 지켜보는 아들 마음도 불편하기는 매한가지다. 혹여 기력이 약해 낙상이나 하실까봐 염려를 해도 막무가내다. 어머니는 아들의 농사일이 미덥지 못해 안쓰럽고, 아들은 어머니께서 힘에 겹게 밭을 돌보는 것이 안타깝다. 쇠잔한 몸에 무리인 것 같아 만류하고 사립문을 막아도 소용없다. 단단하게 자물쇠를 채워두어도 어머니를 말리지 못했다. 언덕배기 울타리를 넘어 좁은 나무 틈새를 비집고 삭정이 같은 몸을 들이미신다. 그러다가 행여 발이라도 헛디딜까 염려스러운 마음이었다. 어느 누구도 어머니의 고집을 꺾을 수가 없었다. 아예 어머니를 위한 열쇠까지 비치해 두었다.

애타는 모정은 끝이 없다. 몸이 부실한 아들에게 "약을 챙겨먹느냐."고 하신다. 언제나 약의 효율성을 강조하신다. 아들은 먹지도 않는 약을 먹는다며 짧게 답한다. 모자간의 대화는 몇마디의 안부로 끝이 났다. 이내 어머니는 쇠잔하신 손으로 호미를 집어든다. 마른 흙이 풀풀 날리면서 잡초들이 힘없이 넘어진다. 흙 덩이 속에서 뽑힌 풀을 털어내시는 손길만은 능숙하다. 잡초로 뒤엉켜 있던 주위가 산뜻하고 말갛다. 아들은 한 번도 어머니의 고운 손을 본 적이 없다. 거칠고 힘든 세상만큼 마디마디 벌어지고 터진 곳은 아예 옹이로 박혀 있다. 보이지 않는 당신의 저 깊은 가슴속은 오죽할까. 밀없이 어머니를 내려다보는 아들은 애긍한 마음뿐이다. 올곧게 살기 위해 그 힘든 세파를 맞서며 살아오신 어머니다. 타인의 눈에 어쩌면 당신의 삶이 잡초 같은 인생이었는지도 모른다. 한없이 고단한 역정이었다.

영락없이 시집간 딸과 친정엄마가 만나는 것 같다. 밭 가까이에 어머니가 살고 계시지만, 꼭 이곳에서 만나고 헤어진다. 굳이 집에 들리라는 말씀도 없으시고 그 역시 찾아뵙겠다는 얘기가 없다. 아무리 혈육이라 한들 모자母子간의 정만 할까. 어머니 연세가 이제 한 해만 더 있으면 미수米壽다. 모자가 꼭 닮았다. 키도 얼굴 생김새도 똑같다. 어머니는 아직도 예순이 다 된 아들을 보듬고 있다. 한 번도 가슴에서 내려본 적이 없다. 다른 누구는 품어 주지를 못하는 언제나 아들의 어머니이다. 이 세상에 어머니는 모두가 같은 마음이지만 삶은 남달랐다.

남편 없이 두 아들을 키워온 청상이셨다. 눈에 넣어도 아프지 않을 아들이다. 어머니는 남들이 누리는 세상의 안온함을 모르고 살아오셨다. 자신의 운명 탓이라며 자식들을 집요하게 감싸 안는다. 세상사람 중에 당신이 낳으신 아들만을 믿는 어머니. 그 자식 어머니를 닮아 곧게 사는 삶이라, 어찌 세파에 어려움이 없었을까. 그때마다 아들 편에 섰던 영원한 어머니다.

다들 어려웠던 시절. 가난 역시 그를 비껴가지 못했다. 어머니의 행상은 아들에게는 언제나 외로움과 슬픔이었다. 아무도 없는 빈집. 어둠 속에서 어머니를 기다렸단다. 오직 어머니의 발품으로 학교를 마치는 십수 년간을 내내 그림자만 바라보았단다.

이제 늘그막에 함께하지 못한 시간의 아픔들을 치유하는지도 모른다. 그러기에 또 어머니의 모습을 바라볼 수 있는 곳에 터를 잡았을까. 비어 있던 유년의 마음밭에 뒤늦게 꿈을 가꾼다. 이른 봄이면 매화가 피고 복숭아꽃이 참 곱다. 멀쑥한 장다리꽃이 노랗게 채색된다.

아들의 밭에서 어머니는 언제나 흙을 보듬는다. 자갈돌을 일궈내고, 사철 씨를 뿌린다. 비어 있는 곳은 한 치도 없다. 들고 다니시는 망태기에는 온갖 씨앗들이 단잠을 자고 있었던가. 어느새 떡잎이 나고 기지개를 켜면, 아들은 뿌리지도 않은 열매를 수확하며 아이처럼 기뻐한다. 새삼 어머니의 품에 안긴 듯 포근함에 젖어든다. 그것은 어머니의 영원한 아들이고 싶기 때문이다.

다림질

어렸을 때 나는 방학이나 주말이면 조부모님이 살고 있는 곳에 자주 놀러갔다. 그곳은 산을 넘어 가야 하는 첩첩 산골로 가끔씩 산짐승소리만 들릴 뿐 한적한 동네였다. 할머니는 나를 참 좋아하셨다. 친구처럼 도란도란 이야기도 하고 여러 가지 심부름도 시키면서 언제나 즐거워하셨다.

새벽녘 할머니의 달그락거리는 소리에 일찍 잠이 깼다. 할머니께서 반닫이를 여닫는 소리다. 먼동이 트기 전인데도 할머니는 횃대까지 마당에 쳐놓고는 다릴 옷들을 밖에 내다놓으셨다. 아침이슬이 다림질할 옷에 눅눅하게 배여 들도록 기다리면서, 할머니는 숯불을 준비하셨다. 그리고는 후라이팬처럼 생긴 다리미에 숯불을 담고 할머니와 나는 마루에 앉아 다림질을 시작했다. 다릴 옷을 두 손으로 팽팽하게 맞잡았다. 할머니는 왼손으로 옷을 당겨가며 오른손으로 다리미를 유연하게 밀고 당기셨다. 불이 발갛게 피어오르다가 삭아지며 재가 되었다. 그럴 때 할머니는 토방 끝에 내려가서 입으로 재를 후후 부셨다. 또 풀기가 센 곳에는 입안 가득 물을 머금었다가 뿜어내었다. 그리고는 다리미로 이곳저곳을 다렸다. 다리미가 스쳐간 곳은 반듯하게 구김이 펴졌다.

하지만 어린 마음에 뜨거운 다리미가 무서웠다. 그러다가 언젠가는 나에게 상처를 줄 것 같았다. 처음 불이 약할 때는 폭이 넓은 곳을 서서히 다리다가 숯불이 강해지면 차츰 단이 좁은 곳으로 오고갔다. 그런데 다리미가 자꾸만 나의 손을 향해 다가와 마음이 조마조마했다. 아무래도 할머니께서 실수를 하실 것만 같았다. 다리미로 이곳저곳을 반복해서 왔다갔다하는 할머니의 손동작이 내심 불안했다. 할머니는 가끔씩 먼 산을 바라보면서도 유연하게 옷을 다렸지만 나는 너무 무서웠다. 다리미가 내 손을 향해 거침없이 오고 있었다. 탱탱하게 두 손으로 맞잡고 있던 베옷을 나도 모르게 놓아버렸다. 갑자기 힘이 부치자 할머니가 들고 있던 다리미가 마룻바닥에 쿵

하며 부딪혔다. 그 바람에 다리미에 담겨 있던 재가 하얀 베옷에 툭 떨어졌다. 그 일로 할머니께 야단을 들었던 기억이 새롭다.

지금은 스위치만 꽂으면 금방 달아오르는 전기다리미가 있다. 천에 따라 온도를 조절할 수 있어 옷 다리기가 한결 쉽다. 게다가 습도까지 조절하도록 만들어져 세상은 너무나 좋아졌다. 그렇지만 여전히 다림질이 서툴다. 가끔씩 엉뚱한 주름이 잡히고 곱게 다려지지 않아 속상하다. 두터운 옷감에 구김살이 남아 있는 것은 적당한 습도와 뜨거운 열을 가하지 않은 것이고, 줄을 잘못 잡아 생긴 주름은 좌우를 살피지 못하는 근시안 때문이다.

지난날을 되돌아보면 잘못된 다림질처럼 살아온 흔적을 엿볼 수 있다. 살아가면서도 마찬가지다. 마치 약한 불로 다림질을 하고 난 뒤처럼 펀치 않을 때가 많다. 삶이란 다리미처럼 뜨거울 때는 뜨거워져야 한다. 세상일이 뜨겁지 않고 이루어지는 것은 아무것도 없다. 자신이 원하는 것도 불 같은 마음이 없다면 성취되지 않는다. 그렇게 해야만 구겨진 주름이 펴지듯이 뜻을 이룬다.

물론 뜨겁다고 다 되는 것은 아니다. 앞뒤를 잘 살펴서 줄을 잡아야 한다. 자칫 줄을 잘못 잡으면 중심을 잃고 만다. 옷 전체가 뒤틀리게 되듯이 인생도 마찬가지다. 이상만 높아 뜨겁기만 하면 옷을 상하게 하는 것처럼 인생도 마찬가지다.

바쁜 일도 없는데 무슨 일을 시작하면 마음이 급해진다. 빨리 일을 마쳐야겠다는 생각에 조급하게 마무리를 하고 나면 반드시 마음에 들지 않는다. 그럴 때는 꼭 옷의 다림질을 마치고 난 뒤 발견된 잘못된 주름 같다.

다리미는 뜨겁게 달아올라야 구겨진 부분을 말끔하게 펴 준다. 두꺼운 천 접어두었던 단까지 매끈하게 펴주는데 내 마음의 다리미는 아직 열기가 약하다. 가끔씩은 뜨거운 온도를 유지해야 하는데 그렇지 못하다. '화톳불도 불기운이 강해야 생나무가 타듯이' 사람들의 마음도 마찬가지다. 내 마음이 뜨거워야 남의 마음도 따뜻하게 데울 수 있을 것이 아닌가.

아직 내 가슴에 불씨 하나 남아 있다면, 뜨거운 마음으로 다가가고 싶다. 그곳에서 나의 마지막 정열情熱까지 훨훨 불태워 보고 싶다.

밥상 위의 행복

며칠 전 남도 음식축제를 구경했다. 전남 순천에서 펼쳐졌던 행사는 많은 사람들로 발 디딜 틈이 없었다. 꽤 먼거리에서부터 관광객들로 길이 막혀 마음은 더 빨리 달려가 보고 싶어졌다.

온 동네가 축제의 분위기였다. 쿵더쿵 하는 떡메 소리가 정겹게 들려와 옛날 잔칫집이 떠올랐다. 나는 어느새 사립으로 들어가 마당에 있는 멍석에 앉았다. 고향집 같은 아련한 향수가 발길을 머물게 했다. 그곳에서 만든 따끈한 떡과 전 등 여러 가지 음식들을 맛볼 수 있었다. 상차림은 궁중음식과 전통 상차림을 비롯해 다채로웠다. 궁중에서는 십이 첩으로 수라상이 재현되었고 전통음식은 찬의 그릇 수에 따라 삼첩, 오첩, 칠첩, 구첩반상으로 불리워졌다. 민간에서는 구첩이 최고의 밥상이었다. 이바지 음식과 다과상까지 만들어져 놀라웠다. 마치 예술품을 보는 것 같았다. 색감이 무딘 나의 감각을 눈뜨게 해 주었다. 전시된 음식들은 고운 천에 수를 놓은 것같이 깔끔했다. 발걸음을 늦추며 내내 음미하고 싶어졌다.

그 중에서 우리가 태어나 죽음에 이르기까지 맞는 상차림이 마음을 움직였다. 하루에도 몇 번씩 가족을 위해 식탁을 준비하면서도 상의 의미를 그렇게 깊게 생각하지 못했다. 단순히 식사를 해결하는 것으로 예사롭게 여겼다. 아이가 태어나서 맨 처음 맞게 되는 상 위에는 미역, 쌀, 배냇저고리와 정화수가 차려져 있었다. 경건한 마음으로 생명의 탄생을 축원했다. 어머니의 사랑으로 자란 아기의 첫돌 상에는 백설기와 수수팥떡이 차려져 있었다. 백설기는 그 떡처럼 하얗게, 심신이 때묻지 않는 삶을 누리라는 뜻이란다. 또 붉은 수수떡은 액을 물리친다는 토속적인 믿음에서 비롯된 풍습이었다. 색동저고리와 함께 무지개떡은 아이들의 고운 꿈을 키우라는 뜻이란다. 성스럽게 차려져 있는 대추, 과일, 쌀, 무명실과 먹, 붓, 벼루, 연필 등 많기도 했다. 내 마음의 눈앞에는 귀여운 아기가 아장거리며 상 주위를 맴돌았다. 붓을 집을까 연필을 집을까. 아이의 해맑은 눈 속에는 천진함이 가득하다.

아이가 학문을 익히며 세상 이치를 깨닫게 되는 배움의 전당에서는 스승에 대한 존경과 고마움도 표했다. 따뜻한 마음이 흐르고 있었다. 성년식을 치르며 예를 갖추는가 하면 전통 혼례상, 회갑 때의 상차림도 재현되었다. 폐백음식도 있었다. 대추는 자손의 번영을 뜻하며 육포는 시댁 어른들을 존경하겠다는 의미란다. 은행을 꽂는 데 사용하는 솔가지는 늘 푸르고 꿋꿋하게 살겠다는 삶에 대한 각오란다. 정신없이 달려온 중년기에야 되짚어보며 생각에 빠져들었다. 모든 것이 그대로 지속돼 오랫동안 머물고 싶어졌다. 한참을 보고 있으니 어느새 우리들의 한평생이 끝난 것처럼 느껴졌다. 그렇게 흘러가는 인생이 서글퍼지는데 또 다른 상차림이 우리를 기다리고 있었다. 이번에는 제사상이었다. 이 세상에 태어나면 언젠가는 맞게 되는 것이 죽음이기에 초연해지기까지 했다. 조금 빠르거나 늦거나 모든 사람이 돌아가야 하는 인생길이었다. 삼베옷이 횃대에 걸려 있어 숙연하고 무거운 분위기였다. 그것이 우리의 삶이었다. 음식상을 통해 인간의 생로병사生老病死를 접하며 한동안 마음이 착잡해졌다.

음식 만드는 일을 요리料理라고 부르게 된 것은 이미 오래전의 일이었단다. 원래 뜻은 일의 앞뒤 모든 상황을 잘 판단하여 처리한다는 뜻이란다. 지금은 음식을 만드는 일도, 또 그렇게 해서 만들어낸 음식을 보편화해서 쓰고 있다. 우리가 만드는 전통적인 음식은 한국문화를 대표할 만큼 중요하다. 특히 그 원리가 경험을 통해 전수되어지고 다양한 종류에 놀랍다. 본래 조리기술은 전문 숙수가 아니었다. 가정에서 살림을 하는 우리 어머니들의 손길에 의해 발전했다니, 자부심마저 들었다.

전시장을 돌아보며 우리 음식들을 눈으로 시식했다. 우선 눈이 즐겁고 식욕을 자극하는 것이 모두가 숙수의 경지까지 도달했다는 느낌이었다. 전시 음식을 보기만 해도 뿌듯했다. 아름다운 산야에서 자란 엄선된 식재료가 근원이 아닐까. 모든 영양소가 골고루 들어 있어 건강한 몸과 선한 마음까지 대물림되고 있었다. 세세한 어머니의 손길이 부드럽고 선명하게 다가온다. 한결같은 마음, 옛날부터 내 자식에게 먹이겠다는 올곧은 어머니의 마음 때문이다.

접시 하나에 올려진 정성은 보여지는 것만이 전부가 아니다. 보이지 않는 것은 마음으로 느껴진다. 재료와 부재료가 함께 어울리는 과정들이 선연하다. 뉘늦게야 새삼 손끝에서 빚어지는 음식의 소중함을 느낀다. 가족의 사랑과 행복까지 함께 아우르는 우리 어머니들의 손길이다. 예사롭게 보여지지 않았다. 모든 것이 삶의 여정이었다. 부엌은 단순히 밥을 짓고 반찬을 만들며 먹은 그릇을 설거지하는 곳이 아닌 성소였다. 한 집안의 생사화복生死禍福의 근원이었다. 인간이 나서부터 죽음에 이르기까지 그 입으로 들어가는 것이 밥이 아니면 무엇으로 목숨을 이어갈 것인가. 새삼 밥상의 의미가 소중했던 하루였다.

고향살이

내가 태어난 곳은 면소재지였다. 아버지는 고향을 떠나와 이곳에서 정착을 하셨다. 재 너머 산골에는 조부모님이 살고 계셨는데 나는 그곳이 참 좋았다. 일찌 철이 들었던지 방학이나 주말이면 먼 길을 마다치 않고 넘나들었다. 조부모님이 연로하신 까닭도 있지만 농사며, 세시풍속 등 할머니를 도와드릴 일이 많았기 때문이다.

산길을 따라 걷던 이십 리도 넘는 먼 길이었다. 길을 걸으면 메뚜기나 풀벌레가 얼굴을 스치고, 산새들의 푸드덕거리는 소리에 깜짝 놀라 간이 콩알만 해지기도 했다.

상큼하던 산속의 바람. 옅은 안개 사이로 걸어가면 풀잎에 맺힌 이슬이 보기 좋았다. 동네로 들어서면 왠지 모를 푸근함에 편안해졌다. 사립문을 들어서기도 전에 쑥 내음이 났다. 쇠죽냄새가 밴 옛집이었다. 밤이 되면 산짐승 소리에 화장실 가기가 무서워 미적거릴 때, 떨어지던 가랑잎 소리까지 마음이 쓰였다. 이내 고요한 정적에 불안해졌다. 동네 앞을 가로지르던 냇가가 있었다. 징검다리가 놓여 있고 맑은 물이 흘러내렸다. 물속을 들여다보면 하늘이 그 속에 잠겨 있었다.

비탈진 고구마 밭은 꿩이나 노루들의 놀이터였다. 고구마가 파헤쳐져 쪼여 있었다. 짐승들도 맛을 알았을까. 유난히 그 밭의 고구마는 맛이 좋았다. 바구니에 가득한 고구마를 냇물에 씻었다. 오랫동안 씻다 보니 껍질까지 다 벗겨졌다. 옷이 젖는 줄도 몰랐다. 냇가에 가면 늦는다고 야단도 맞았지만 어쩔 수 없었다. 나보다 한 살 많은 언니와 함께 서로 기다려주었다. 언니를 찾아나섰다가 벌에 쏘여 혼이 난 적도 있다. 언니가 잠깐만 보이지 않아도 세상이 텅 빈 것 같았다. 할머니의 심부름으로 함께 갔던 동네에 언니의 학교가 있었다. 붉은 샐비어가 눈부시던 교정이었다. 그네도 타고 뛰어다니며 오랫동안 놀았다. 시간이 얼마나 흘렀는지 몰랐다. 어느새 초가사이로 저녁연기가 새어나오고 있었다.

당시 시골에는 지금처럼 돈이 흔하지 않았다. 할머니는 모든 것을 쌀로 대신했다. 가까운 갯가에서 잡아올린 생선을 아낙들이 이고 할머니집을 찾아 들어섰다. 나는 자주 이런 모습을 볼 수 있었다. 생선함지박을 이고 사립문을 들어서면 할머니나 할아버지는 참 좋아하셨다. 마치 시집갔던 딸이라도 온 것처럼 반기셨다. 물기를 머금은 생선이라 무거웠나 보다. 높은 댓돌 끝에서 받아 내리면, 힘에 벅찬 듯 목을 이리지리 돌리셨다. 나뭇가지로 얼기설기 덮은 함지에는, 갓 잡아올린 듯 물 좋은 은빛 갈치가 눈을 동그랗게 뜨고 나를 바라보고 있었다.

할머니께서는 나에게 얼른 밥상을 차리라고 하셨다. 산촌마을에 찾아든 생선장수 아주머니의 생선도 반가웠지만, 유난히 정이 많던 할머니는 아낙들의 시장기를 눈치채셨다. 아주머니는 찬도 없는 붕긋한 밥사발을 게눈 감추듯 한다. 그 사이 고방으로 들어가신 할머니는 쌀을 수북하게 들고 나와 값을 치렀다. 며칠 동안 밥상에는 생선이 주를 이루었다. 아랫방에는 수시로 보따리 장수들이 묵어갔다. 일할 때 입던 '몸빼' 바지며 '월남치마'라고 하는 옷가지들을 이고 다니던 봇짐장수였다.

오랫동안 내려오던 관습이라 크고 작은 제사가 많았다. 제상祭床에 올릴 잔술을 준비한다고 아랫목에는 항상 술이 익었다. 할머니는 어린 나를 데리고 누룩을 만드셨다. 둥글게 만들어진 틀 속에 삼베 헝겁을 깔고 싸라기죽과 성글게 내린 밀을 섞어 술의 원료가 되는 누룩을 만들었다. 내가 하는 일은 주로 두 발로 밟아 디디는 일이었다. 납작하게 만들어진 것을 띄우고 말린다고 아랫방에서는 항상 퀴퀴한 냄새가 났다. 그것을 알았을까. 가끔씩 밀주 단속을 나왔다. 마이크나 전화가 없던 시절. 앞 동네 산중턱에서 누군가가 소리를 쳤다. "술 치려 왔소." 라고. 고요하던 마을이 긴장감에 빠져들고 이웃들의 발자국도 분주했다. 할머니와 나는 집안에 있는 술과 누룩을 찾아 들었다. 아랫목에서 보글거리며 익어가던 술 단지도 그날만큼은 애물단지로 전락했다. 불안한 마음으로 뒤란에 있는 대밭에 숨겨두었다. 나뭇단이며 짚동우리며 숨길 곳은 많았다. 워

낙 골이 깊어서인지 단속을 나오다가 되돌아갔는지, 한 번도 발각된 적은 없었다. 할머니께서 바느질을 하시던 옆에 누워 책 읽는 재미에 빠져 있을 때다. 책장을 넘기기도 바쁜데 자주 바늘귀를 꿰어 달라는 게 귀찮아졌다. 실을 길게 늘어뜨렸다가 헝클어져 야단을 맞았던 기억이 새롭다.

이른 새벽 첫닭이 정적을 깨면 나는 잠을 놓칠새라 점점 이불을 파고들었다. 쏟아지듯 몰려오는 잠을 감당하기가 버거웠다. 하지만 어른들은 새벽같이 일어나셨다. 할아버지의 기침 소리가 들리고, 삐걱거리는 부엌문 소리와 함께 할머니의 하루도 시작되었다. 할머니는 마당가에 있는 검둥이에게도 말을 건넨다. 부스스 몸을 털고 다가오는 야옹이에게까지 살가웠다. 비록 태어난 곳은 아니지만, 그림 같은 풍경은 언제나 내 마음속에 편안함과 추억으로 남아 있다.

요즘은 고향을 떠나 낯선 곳에서 살아가는 사람들이 많다. 전혀 생각지도 않은 곳에서 평생을 살기도 하고, 현실과 이상 속에서 머물고 있다. 때로는 힘들고 외로워도 고향에서의 추억만으로 지친 마음을 달래곤 한다. 동향이라며 반가워하는 것도, 혈연이나 학연을 소중히 생각하는 것도 모두 다 우리의 정서인 것 같다. 그 인연으로 때로는 소원했던 정을 붙이기도 한다. 하지만 나는 누군가 고향을 물어올 때마다 머뭇거릴 때가 많았다. 태어나서 지금까지 한곳에 머물었기 때문에 그만큼 소중함을 잊고 살았다.

이젠 가물거리는 기억으로 옛 정취를 찾을 길이 없다. 언제나 바라보던 그림 같은 풍경도 사라졌다. 하루가 다르게 변모하는 모습이 아쉬운 것은 비단 나 혼자만의 정서인 것일까.

제2부
나뭇잎이 푸르던 날에

나뭇잎이 푸르던 날에

옛집 근처를 지나칠 때였다. 저 만치서 노랗게 익은 비파가 우뚝 서서 눈맞춤을 했다. 반가움에 얼른 달려가 담 너머로 집안을 둘러보았다. 지난해까지만 해도 우리 가족들의 보금자리였다. 빨간 벽돌집. 햇빛에 반짝거리는 튼실한 동백나무, 어느새 성큼 자란 여러 수목들, 그 중에서도 자꾸만 눈이 가는 것은 비파나무였다. 아직도 미련인지 욕심인지는 알 수 없었다. 열매를 매달고 있는 것에 대한 아쉬움이었던가. 문득 옛날 생각이 났다.

우리 동네에는 유난히 비파나무가 많았다. 좁은 마당이나 텃밭 귀퉁이까지, 긴 잎사귀를 드리운 크고 작은 비파나무가 주종을 이루었다. 비파는 우리가 사는 남부지방이 기후조건이 맞아 예전부터 쉽게 접할 수 있는 과일나무이며 관상수였다. 비파는 추운 겨울에 꽃이 피는 특이한 나무다. 장미과에 속하는 상록의 소 교목으로 잎이 비파라는 악기를 닮아 같은 이름이 붙여졌단다. 근래에는 항암물질이 발견되어 건강식품으로도 널리 알려져 있다.

이런 비파가 익어 한참 단내가 느껴지면, 우리들은 즐거웠다. 예전에는 다들 간식거리가 귀했고 모든 것이 넉넉하지 못한 시절이었기 때문일까? 비파 맛은 어디에 비할 수 없이 좋았다. 얇은 껍질을 벗겨내고 한입에 쏙 넣으면 과육보다 씨가 더 많았다. 이러다 보니 겨우 감싼 듯 얇은 속은 언제나 감질났다. 혀끝에서는 맛을 본 것 같은데 아무리 먹어도 헛헛했다. 실컷 한 번 먹어보고 싶었다. 낮이면 황금빛으로 익어가던 온 동네의 비파를 눈여겨보았다. 빛은 곧 맛으로 평가되었다.

어느 날 친구와 함께 비파 서리를 모의했다. 유월이면 한창 녹음이 짙어 초록과 노란색의 어울림은 우리를 들뜨게 한 것이다. 섬 마을. 바다와 파란 하늘이 어우러져 노랗게 익어가던 비파나무는 바라볼 때마다 환상적이었다. 밤이 깊어지기를 기다렸다. 마을은 고요했지만, 달은 높이 떠서 여기저기를 비추고 있었다. 환한 낮과도 같은 밤이었다. 파란 사철나무가 우거진 집에 큰 비파나무가 있었다. 굵고 탐스럽게 달려 있어 더욱

눈길이 갔다. 바라볼수록 먹고 싶은 마음이었다. 그 집 뒷문은 논둑길로 이어져 있었다. 숨을 죽이고 살그머니 들어섰다. 집 안은 잠들어 있었고 비파는 역시 주렁주렁 달려 있었다. 조금만 따고 나오기에는 아쉬움이 많았다. 가지가 휘어지도록 달려 있는 것을 보니 자꾸만 욕심이 생겼다. 손으로 저쪽 가지를 가리키자 친구도 머리를 끄떡였다. 지나침이 화를 불렀나 보다. 건너편 가지를 잡아당기는 순간 "뚝" 하는 소리가 났다. 가지 하나가 부러져버렸다. 열매가 잔뜩 매달려 있어 쉽게 부러진 것 같았다. 우리들보다 먼저 놀란 잎사귀들의 비명소리가 들려왔다. 그 소리는 마치 찰싹거리는 파도소리처럼 밤 공기를 갈랐다. 갑자기 일어난 일이라 숨을 죽이고 섰는데 "누구야!"하는 소리와 함께 문이 열렸다. 걸음아 날 살려라며 집 뒤 논길로 도망을 쳤다. 마침 모내기를 끝낸 논에는 어린 모들이 놀라 움츠렸고, 곱게 다듬어진 논두렁에 발 디딜 곳은 없었다. 우리를 받아주는 곳은 아무데도 없었다.

내가 어른이 되면 넓은 마당에 비파나무를 많이 심고 싶었다. 노랗게 잘 익은 비파를 따서 이웃에게도 나눠주고 친구들도 부를 생각이었다. 뜰을 가꾸느라 손수 흙을 퍼다 날랐다. 힘들었지만 좋은 수종을 구해 심었다. 꽃이 피고 가지들이 뻗어 나갈 때 저절로 콧노래가 흘러나왔다. 하지만 참 알 수 없었다. 갑자기 남편이 다른 도시로 발령이 났다. 아무래도 출퇴근이 문제였다. 한동안은 적응하는 것 같았지만, 남편은 밤중에야 집에 찾아들었다. 그런 어느 날부터인가 서서히 이사 이야기가 거론되었다. 처음 들을 때는 농담처럼 흘려들었다. 시간만 나면 주변에 새로 짓는 아파트를 눈여겨보며 마음을 흔들었나. 내색은 없었지만 힘들었나 보다. 남편은 건강에까지 무리가 왔다. 그때서야 정신이 번쩍 들었다. 남편의 뜻에 따라 서둘러 직장 부근으로 옮겨가야 했다.

비파나무가 열매를 맺기 시작했는데 더 이상 우리들의 것이 아니었다. 어린 마음에 남의 비파까지 탐을 내며 좋아했던 나였다. 서둘러 집을 비워야만 했다. 곳곳에 묻어 있던 정을 외면하듯 짐을 꾸렸다.

이런저런 상념에 빠져 있을 때 강아지 울음소리가 들렸다. 낑낑거리며 다가오는 것이 귀여웠다. 강아지가 낯선 사람의 출현을 감지라도 했던가. 작은 코를 벌름거리며 쫓아 나온다. 그때서야 나는 기대고 섰던 시멘트 벽의 차가움이 느껴졌다. 슬그머니 살던 집의 옥상을 올려다보니, 내가 쓰던 빨랫줄도 보이고 아이들의 농구대도 보였다. 그러나 나는 노랗게 익은 비파를 바라보며 조금씩 뒷걸음질하고 있었다. 어디선가 새 주인의 인기척이 들려왔던 까닭이다.

고구마

구수한 고구마 냄새가 온 집안에 가득하다. 서너 개의 고구마가 불 위에서 익어가는 순간, 옛날이 그리워졌다. 어렸을 때 우리 밭에는 고구마를 많이 심었다. 큰 밭에 심겨진 것을 수확할 때는 쟁기로 캐야 했다. 유난히도 굵은 알뿌리를 보듬었던 두둑은 꼼처럼 부풀어 있었다. 고구마를 캐는 날이었다. 사방으로 뒤엉킨 힘센 넝쿨들을 걷어내면, 다소곳하게 숨어 있던 고구마가 살짝 얼굴을 내민다. 그때부터 내 마음은 바쁘다. 아버지께서 소를 몰고 고구마를 캐면 그 뒤를 뛰듯이 따라다녀야 했다. 이랑 속에 숨어 있던 고구마가 흙을 헤집고 한꺼번에 얼굴을 드러내면, 아무리 부지런을 떨어도 바빴다. 미처 들어내지 못해 쟁기 밥에 고구마가 묻히면 아버지의 성화가 대단하셨다. 그 음성에는 느릿한 소걸음에 애태우시던 갑갑함까지 묻어 있었다. 어린 나이에 하루 종일 잔일을 거들며 흩어져 있는 고구마를 주워 담느라 바빴다. 해 질 녘이면 학교에 갔던 오빠들도 달려왔다. 무거운 고구마를 나르느라 캄캄한 밤중까지 불을 밝히며 일을 했다.

고구마를 보면 언제나 옛 생각이 난다. 세월이 지나면서 잊고 있었는데 새삼스럽게 어려웠던 시절이 떠오른다. 우리가 초등학교 다닐 때만 해도 많은 사람들이 어려움을 겪었다. 당시 고구마는 힘든 살림에 큰 몫을 했다. 식량이 부족한 집에서는 든든한 양식이 되어 어른들의 걱정을 덜어 주었다. 어머니께서는 고구마와 쌀을 함께 넣어 밥을 지으셨다. 뜸이 들고 나면 뿌옇게 김이 나는 가마솥을 열어 주걱으로 골고루 섞었다. 하얗던 쌀밥이 고구마랑 뒤섞이면 왜 그렇게 섭섭했던지. 싫어하는 것을 알고는 별미라고 하시며 권하던 기억이 난다. 고구마는 가난했던 농가의 수입원이 되어 주었다. 몇 가마니씩 수매를 하고 나머지는 썰어 말렸다. 추운 겨울날 우물물을 퍼올려 씻다 보면 언 손이 고구마처럼 발갛게 되었다. 건져 담은 고구마에 물기가 마르면 온 가족이 밤이 깊도록 고구마를 썰었다. 날이 밝으면 양지바른 곳에 널어 말리던 일까지 부모님을 따라 다니며 거들었다.

동지섣달 긴긴 밤이면 고구마 소쿠리를 가운데 두고 가족들이 모여 앉았다. 찬바람이 문풍지에 스며들어도 달착지근한 밤참은 역시 고구마였다. 이웃들과 마음을 나눌 수 있었던 것도 고구마였다. 따끈하게 찐 것을 서로 건네며 부담 없는 정을 나누었다. 모두가 어려운 때 마음을 터놓고 지냈으니 외롭지 않았다. 아이들의 심심한 입을 달래주는 것도 고구마였다. 학교에서 돌아오는 길에 허기가 지면 발길이 닿는 고구마 밭으로 들어갔다. 행여 누가 볼세라 주위를 둘러보며 넝쿨 밑으로 손을 집어넣었다. 줄기 밑을 들춰 불룩한 흙을 후비면 빨간 고구마가 보였다. 얼른 파내어 잔디에 쓱쓱 문질렀다. 이렇게 하면 흙도 털어내고 껍질도 제거가 되었다. 우리는 그것으로 잠시나마 입도 즐겁고 출출함을 잊을 수 있었다. 그럴 때면 하얀 진이 손에 묻어 끈적거렸다. 이것이 장을 좋게 해주는 '세라핀'이라는 것을 알게 된 것은 한참 뒤였다. 게다가 알칼리성 식품으로 우리들의 건강에도 한몫을 했다.

고구마는 추위에 약해 바깥에 두지 않고 온기溫氣가 있는 곳에 보관을 했다. 우리가 기거하는 방 윗목에 고구마 통가리가 만들어졌다. 동생들과 쓰던 좁은 공간에 고구마까지 들어와 있으니 겨울이 다가오면 걱정이었다. 방도 지저분하고 귀찮게 여겨졌다. 지푸라기와 먼지가 자꾸만 떨어져내려 짜증을 내어도 어른들은 그런 것에는 귀를 기울이지 않으셨다. 매일 쪄먹던 고구마는 겨울이 깊어갈수록 줄어들었다.

초봄 고구마에 새움이 트면 밭에 내다 묻었다. 온몸에서 여린 싹을 틔워 줄기를 만들고 하루가 다르게 무성해지면 비오는 날을 잡아 고구마 순을 잘라 심었다. 한 뼘이 채 될까 말까 가녀린 몸은, 흙에 묻히고 뿌리도 없는 여린 순이 홀로서기를 한다. 비에 젖은 옷이며 맨발은 흙투성이가 되어 있었지만, 심겨진 모습이 파릇해 보기 좋았다. 새로운 꿈이 영그는 것 같았다. 긴 넝쿨 속에서 고구마가 자라고 있었다. 한여름 목이 타는 듯한 가뭄도 뜨거운 햇빛도 견뎌내었다. 긴 장마에도 의연했다. 올망졸망한 우리들의 삶처럼 보였다. 크고 작은 모습으로 흙 속에서 꿈을 꾸고 있었다.

요즈음은 옛날 그 시절만큼 절절했던 고구마에 대한 애환은 사라졌다. 농촌도 살기 좋아졌고 우리 모두의 삶도 윤택해졌다. 옛날 고구마를 먹던 시절은 추억이 되었다. 손때 묻은 고구마 소쿠리를 서로 당겨가며 먹던 모습도 사라졌다. 풍요로운 세상은 우리들의 절박했던 삶을 잊어버리게 했다. 어렵고 힘든 일은 하지 않으며, 마음먹은 대로 되지 않을 때는 쉽게 포기를 한다.

의욕을 잃고 좌절하는 것을 보면 안타깝다. 우리는 지난날 많은 역경들을 헤치며 살아왔다. 그 시절에 비한다면 너무 조급한 것만 같다. 고통은 감당할 수 있는 만큼만 주어지고 성공

한 사람들의 과거는 비참할수록 아름답다고 했다. 지금 겪고 있는 것이 힘들다면 고구마 먹던 옛날을 떠올려보면 어떨까?

길을 가다가 문득

골목길로 들어섰다. 넓은 도로를 두고 나도 모르게 좁은 샛길로 향한다. 그곳에는 오래되어 낡은 슬레이트집이 있다. 빠끔하게 열린 나무대문 사이로 좁은 마루가 정겹다. 해 질 녘이면 굴뚝에서 피어오르는 연기냄새가 좋고 여름이면 낮은 대문을 감싸고 있는 등나무 꽃이 화사하다.

골목에는 앙증스런 강아지가 들락거린다. 영락없이 털옷을 풀어서 짠 모습이다. 처음 보는 순간 강아지 눈이 보이지 않아 갑갑해 보였지만 그래도 나를 따라 나서는 것이 신기했다. 비 온 뒤 길이 패인 곳에는 군데군데 물웅덩이가 져 있고, 낡은 벽돌담에는 누런 이끼가 끼여 있기도 하다. 또 시멘트 담을 따라 담쟁이넝쿨이 먼 곳까지 놀러 나왔다.

길 가운데서 대여섯 살쯤 돼 보이는 아이들이 소꿉놀이에 빠져 있다. 장난감 그릇에 흙을 담고 풀잎을 얹는 걸 보니 식사준비를 하는 모양이다. 그것을 보면서 나도 저럴 때가 있었을까 하는 생각이 들었다. 아무리 생각을 해도 나의 어린 시절은 아쉽기만 하다. 신나게 한 번 놀아본 적이 없었던 것 같다. 여섯 살도 되기 전부터 어머니는 나에게 새참을 들려 밭으로 보내셨다고 한다. 숫기도 없던 내가 그 심부름을 시작으로 자질구레한 집안일은 도맡아야 했다. 내가 저 꼬마들 나이에 어른들은 벌써 일손으로 생각했었다.

또래의 아이들은 이 골목 저 골목으로 몰려다니며 놀고 있는데 나는 아무런 즐거움도 없었다. 친구들은 공기놀이, 술래잡기로 재미있어 해지는 줄을 몰랐지만, 난 언제나 아린 마음이었다. 봉숭아 꽃물 한 번 마음놓고 들여볼 수 없었던 시절이었다. 집에 가서 저녁도 지어야 했고 부모님의 일을 거들어야 했다. 맏이는 동생만 태어나면 그때부터 어른이 되어야 했던가.

부모님은 온 마당에 농작물을 널어놓고 들로 나가셨다. 맑은 눈망울 같은 콩이랑 팥들이 햇빛 속에 또랑또랑 반짝였다. 그것도 잠시, 저녁 이슬이 내리기 전에 담아 들여야 했고 저녁

밥도 지어야 했다. 어둑해져 가는데 마음은 바쁘고 골목길로 뛰어나갔다. 동네아이들은 놀이에 빠져 해지는 줄도 모르고 몰려다니고 있었다. 너무 부러웠다. 동생들 역시 내가 찾아 나선 것도 모르고 노느라 정신이 없었다. 나도 저렇게 신나게 한 번 놀아보았으면 하는 마음뿐이었다. 그래서인지 동생들의 이름을 부르면 왠지 내 목소리가 떨려오곤 했다.

골목길을 걷다가 왜 옛날 생각이 떠오르는지 모르겠다. 다시는 되돌아올 수 없는 어린 시절이 공허하게 밀려온다. 그 작은 손에, 등에 나보다 더 큰 무게를 올려놓아 부담스러웠다. 끝없이 이어져오던 책임감. 내 자신도 영악하거나 약삭빠르지 못한데 동생들의 몫까지 나누어야 했다. 그래서 당당하지 못하고 매사에 소극적인 희생양이었다. 아무리 생각해도 너무 일찍부터 강요받았던 부당함이었다. 그런데도 어른들의 시각은 달랐나 보다. 다만, 동생들보다 먼저 철들었다는 것만으로 언제나 질책이 앞섰다. 내 기억으로 부모님께 칭찬을 들어본 적이 없다. 무슨 일이든지 당연한 일처럼 되었다.

무심한 세월은 많이 흘렀다. 그러던 내가 어른이 되어버린 것이다. 어느 날 우리 동네에 집채만한 중장비가 모습을 드러내었다. 이십 년 동안 살면서 어쩌다 이삿짐을 실은 차가 오가긴 했지만, 이렇게 큰 차량을 보기는 처음이었다. 이웃사람들이 모여서 수군대는 이야기는 집을 몇 채 헐고 그 자리에 빌라가 들어선단다. 모든 일은 순서대로 진행되고 있었다. 문을 열면 굉음을 내고 힘없이 부서지는 낡은 건물 사이로 흙먼지만 날아다니고 있었다. 게다가 골목길에는 "위험 접근금지"라는 붉은 표지판까지 내세웠다. 며칠 후, 아예 두터운 옹벽으로 막아버렸다. 현대식 건물은 골목길을 차단해 버렸다.

그런데도 내 발길은 습관처럼 옛날의 그 골목길을 접어들었다가 낭패를 당했다. 거기서 맞닥뜨린 콘크리트 건물들이 느긋했던 마음의 여유까지 앗아가버리고 말았다. 그래서인지 다시 되돌아 나오기에는 조금 멋쩍었다. 마치 내 어린 날의 동심을 빼앗긴 것처럼 영원히 찾을 수 없는 추억의 골목길이 된 것이다.

열여섯 살의 초상肖像

사람을 찾는 TV 프로가 있다. 재미도 있고 추억을 되새겨 볼 수 있어 가족들과 함께 즐겨 본다. 오늘은 인기 연예인이 초등학교 시절의 선생님을 찾는 내용이었다. 어려운 처지에 있던 자신에게 꿈과 용기를 준 잊을 수 없는 선생님이다. 스승의 고마움을 가슴에 새기며 뜻을 이루다 보니 어느새 많은 세월이 흘렀다.

먼 발치에서나마 제자를 지켜보고 계셨다. 한결같은 마음으로 승승장구를 기원하셨단다. 그것이 보람이었고 기쁨이었다며 즐거워하셨다. 그것을 보니 내 가슴이 따뜻해져 왔다. 흐뭇해하는 모습을 보고 아이들은 혹시 만나고 싶은 사람이 있으면 찾아 주겠다고 한다.

나에게도 항상 생각나는 사람이 있다. 중학교 때 국어를 가르쳐 주셨던 선생님이다. 세월이 흐를수록 한 번쯤 만나 뵙고 싶다는 생각이 든다. 다소 왜소한 외모에 자상하셨던 선생님을 일방적으로 내가 좋아했던지는 알 수 없지만 그 시절이 그리워진다. 당시 미혼으로 선생님은 학교 근처에서 자취생활을 하셨다. 어느 날 친구들이랑 어울려서 댁으로 놀러갔다. 마침 저녁시간이라 신문지를 펴놓고, 곤로 연기에 그을린 작은 솥을 가운데로 저녁을 들고 계셨다. 한참 맛있게 드시다가 갑작스럽게 찾아든 우리들 때문에 당황하시던 모습이 어제처럼 생생하다.

선생님은 불청객인 우리들을 데리고 학교로 가셨다. 배움의 전당이던 그곳. 엄격하고 무서웠던 여러 선생님들이 계셔서인지 늘 겁먹은 아이처럼 두려워했다. 게다가 도서관 옆 잔디밭은 평소 우리들이 들어갈 수 없는 공간이었다. 하지만 그날은 달랐다. 양탄자같이 느껴지던 고운 풀들이 자리를 내준 탓일까. 너무나 포근했다. 그곳에서 여러 가지 이야기를 정감있게 들려 주셨다. 푸름이 변해 검은색으로 서 있던 교목들까지 든든하게 느껴졌다. 달이 너무 밝아 별천지로만 느껴졌던 그날을 영원히 잊을 수가 없다. 무섭고 두려운 학교와 선생님이 조금은 가까워진 것이다.

그 후 선생님과의 서먹함은 많이 나아졌다. 은근히 국어시간이 기다려지고 재미있었다. 우렁찬 목소리로 수업을 진행하셨는데 열정이 대단하셨다. 문학이 뭔지도 모르는 우리들이 감당하기에는 벅찼지만, 많은 명시들을 암송하고 계셨다. 한 번도 들어보지 못한 주옥같은 구절들이 교실 안을 가득 채우면 산만하던 우리들은 한순간 조용해졌다. 갑자기 멋쩍어지면 교단에서 내려와 이 분단 저 분단 사이로 왔다갔다하시곤 했다. 선생님께선 언제나 손에서 문학지를 놓지 않으셨다. 섬마을이던 이곳에서는 책을 구하기도 쉽지 않았던 시절이었는데, 책꽂이도 없는 작은방 모서리에는 문학서적들이 차곡차곡 포개져 있었다. 쓸쓸할 것 같은 자취방. 격월간隔月刊으로 찾아드는 간행물들을 소중하게 간직하고 계셨던 것이다.

얼마 후 상급학교에 진학을 했다. 여고생이 되면서, 또 다른 환경에 새로운 친구들과의 만남으로 바빴다. 게다가 선생님들까지도 어렵고 낯선 분들이라 마음은 더 분주했다. 나 혼자만 바쁜 것 같았고, 선생님은 언제나 그대로 계신다는 생각이었다.

그러던 어느 날이었다. 다른 학교로 전근이 되셨다는 소식을 들었다. 그때만 해도 어디로 가셨는지 알 수 있었고 그것을 기점으로 찾아볼 수도 있으련만 나는 그러지를 못했다. 세월이 지난 후에야 문득문득 생각이 났다. 지금까지 찾을 생각은 해 보지도 않았는데 참 이상했다. 기억을 더듬어 어렴풋이 선생님께 들었던 동네 이름이 떠오르곤 했다. 어느 지역이라고 했는데 그곳이 고향인지, 전임지였는지 알 수는 없다. 어쩌다 그 부근을 지나칠 때면 아쉬운 생각으로 추억에 잠겨보곤 한다. 찾아뵙는다고 해도 특별히 나를 기억할 만한 일은 아무것도 없다. 공부를 잘했던 것도, 모범생도 아니었다. 그렇다고 명랑하고 적극적인 아이도 아니었다. 예나 지금이나 부끄러움을 많이 타는 내성적이고 그저 그런 아이였다.

수줍음 많던 아이가 어느새 어른이 되었다. 언제나 소녀로 살 것 같았는데, 쉰의 중반을 넘어섰다. 그리고 아직은 걸음마 단계이지만 예전에 선생님이 좋아하시던 것처럼, 나 역시 작은 공간 가득 문학지들이 여기저기 머리를 맞대고 있다. 그들이 날개를 달고 우리 집으로 날아들 때면 난 항상 선생님의 이름 석 자부터 찾아헤맨다. 그런데도 아직 선생님의 존함을 뵌 적이 없다. 그렇게 좋아하셨던 문학인데 아무리 생각을 해 보아도 알 수 없는 일이다.

나의 이기적인 마음은 선뜻 선생님을 찾아나서지를 못한다. 왠지 망설여진다. 수소문 끝에 행여 좋지 못한 소식이라도 접하게 되면 어쩌나 하는 두려움으로 내 마음은 언제나 애틋한 마음뿐이다.

그래서 마음으로만 언제나 선생님을 그리워한다. 세월이 비켜가고 시공을 초월한 옛날로 되돌아가는 꿈을 꾼다. 언제나 그때 그 모습으로….

옛날 그때 그 시절을 생각할 때면 나는 언제까지 단발머리 소녀가 된다. 부끄러워서 얼굴 빨개지던 그 시절로 돌아가, 애틋한 그리움 그대로를 영원히 간직하고 싶다. 그리고 일기장처럼 꼭꼭 숨겨두고 가끔씩 펼쳐 보고 싶다. 내 기억 속의 선생님을 만날 때면 나는 아직도 열여섯 살의 꿈속에서 머물고 있기 때문이다.

그리움은 세월처럼

가끔씩 생각나는 친구가 있었다. 이십 년도 훨씬 지나 모든 것이 세월에 묻혀가는데 순간순간 기억이 났다. 그럴 때마다 다른 친구들을 통해 소식을 알아보았지만 한결같이 모른다는 대답뿐이었다. 그리고 한참이 지난 후였다. 우연히 그 친구의 연락처를 알게 되었다.

너무 기뻐 한시라도 빨리 친구의 목소리를 듣고 싶었다. 두근거리는 마음으로 전화번호를 눌렀다. 두세 번 발신음이 떨어지고 나니 수화기를 타고 다행히 저편에서 누군가가 "여보세요."라고 하는 말이 들려왔다. 차갑게 느껴지는 서울 말씨였다. 아무래도 번호를 잘못 누른 것 같았다. 무뚝뚝한 경상도 말씨가 무색해지는 순간이었다. 들떴던 마음은 이내 주눅이 들었고 나도 모르게 더듬거리고 있었다. 그러다 보니 상대방은 자꾸 누구냐며 다그쳤고 잘못 연결된 장난 전화처럼 끊어버릴 것만 같았다. 그때서야 조심스럽게 혹시 ㅇㅇ댁이냐고 물어 보았더니 본인이라고 했다.

내가 찾던 친구였다. 그리고 나를 밝히는 순간, 친구는 잠시 경상도 사투리로 돌아왔다. 나는 무척 반가웠지만 친구는 전혀 뜻밖이라며 의례적으로 대했다. 내가 그토록 찾고자 했던 친구였는데 친구가 변한 것이었다. 마지못해 답하는 것 같은 태도에 허탈감마저 들었다.

지금 생각해보니 새삼 옛날 그때가 그립다. 눈부시게 하얗던 교복칼라, 층층이 오르내리던 계단, 네잎 클로버를 찾아헤매며 수다를 떨었던 언덕이 눈앞에 펼쳐진다.

우리들은 자주 어울렸지만, 키가 비슷한 것 빼고는 너무 달랐다. 내가 내성적인 데 비해 친구는 매우 명랑하고 쾌활했다. 노래도 곧잘 불렀다. 소풍 때나 장기자랑 시간이면 언제나 반대표로 뽑히곤 했다. 친구는 수업시간에 자주 쪽지편지를 주고받다가 선생님께 발각이 되기도 했다. 긴급한 사항도 아니었다. 누구누구와 삼총사라는 것과, 어쩌다가 남학생과 이야

기라도 나누는 것을 보면 사랑한다는 내용들이었다.

그 친구는 작은 섬에서 큰 섬이던 우리 동네까지 나룻배를 타고 학교에 다녔다. 바다를 가운데로 이 마을 저 마을이 바라다보였지만, 가깝고도 먼 길을 노 젓는 배가 유일한 교통수단이었다.

우리가 어렸던 그때는 교통이 불편하기가 이루 말할 수 없었다. 섬 지방이라 자주 폭풍주의보가 내려 뭍으로 드나들기도 힘들었다. 학교에서는 기상예보에 귀를 기울였다가 나룻배를 이용하는 학생들은 미리 하교를 시키곤 했다.

그 친구는 우리 집에서 묵은 일도 있었다. 동생들과 함께 쓰던 작은방에서 웅크리고 도란거리다가 잠이 들곤 했다. 그리고는 아침에 일어나 콧노래를 부르며 가벼운 마음으로 함께 등교를 했다.

평소 먼 곳에서 등교하던 아이들은 점심시간이 되기 전에 도시락을 여는 일이 많았다. 이른 새벽에 집에서 나오다 보니 아침을 제대로 챙겨먹기가 쉽지 않았나 보다. 그런 친구들 덕분에 교실 안은 오전부터 시큼한 김치냄새가 떠나질 않았던 학창 시절이었다.

그때 단발머리 소녀들이 벌써 중년을 넘어섰다. 이미 눈가로 번져버린 주름살에 늘어나는 흰머리며 어느 한곳도 고운 모습은 없다.

게다가 가슴에 휑뎅그렁한 바람이 일면 과연 나는 무엇을 위해 살아왔는가 하는 허무감마저 든다. 마치 오랫동안 비었던 속이 이제야 허해지는 느낌이다. 마음도 몸도 서글퍼져 잠시 동안이나마 옛날로 돌아가고 싶어진다.

물론 가까운 이웃도 있고 정을 나누는 친구도 있지만 인간관계가 쉽지 않은 것을 느낀다. 서로의 정보다는 타산적인 이득을 생각하고 맺어지기에 각박하고 더 메마름을 느낀다. 마치 잣대로 재는 것처럼, 조목조목 따지는 세상이다.

요즘 들어 부쩍 옛날이 그리워진다. 가을하늘처럼 맑았던,

그래서 더 아름다웠던 우리들의 정情 때문일까. 이제 그렇게 나누었던 정情도 눈앞에서 보이지 않으니 희미해질 수밖에. 흘러버린 시간들은 켜켜이 먼지처럼 쌓여가고 묵은 감정들을 추스르기에도 벅차다. 예민하게 바라보았던 사물들도 이제는 그러려니 한다. 나이를 더해가는 탓이고 그것이 또 순리가 아닐까.

그러고 보면 세월은 저 혼자만 흐르지 않았다. 가끔씩 떠오르던 기억들도, 안개처럼 뿌옇게 다가오던 그리움까지 삭여버렸다. 잠깐 동안이었지만 친구에게 느꼈던 서운한 마음도 접어버렸다. 친구도 나도 끝없이 이어지는 삶이 아이들의 뒷바라지며, 남편의 내조가 아닌가. 그래서 언제나 부덕婦德의 모자람만으로도 허둥거리며 살아가고 있는 우리들이다.

아마 친구에게도 무슨 사정이 있었을 것이다. 누구에게도 이야기하고 싶지 않는 시련에 부딪혀 무슨 말을 해도 반갑지 않았고 위로를 받지 못했을 수도 있다. 만약 그런 일이 있었다면 친구에게는 도리어 내가 미안한 일이 아니겠는가.

숙이 삼촌

가을이 성큼 다가왔다. 때 이른 낙엽들은 가벼운 몸을 떨구어낸다. 한 잎 두 잎 떨어진 길을 걷다가 우연히 숙이 삼촌을 만났다. 숙이는 옛 친구의 이름이다. 반가움에 먼저 인사를 건냈다. 하지만 표정으로 보아 잘 모르시는 것 같았다. 나 역시 나이를 먹고 예전의 내가 아닌, 중년의 모습으로 변해버렸다. 게다가 같은 지역에 살아도 사는 곳이 다르다 보니 만남이 자연 소원할 수밖에 없었다. 이름을 말씀드렸더니 그제서야 반가워하셨다.

어느새 선한 웃음 속에 얼굴은 부챗살 같은 주름투성이로 변하셨다. 이미 연세는 칠순도 중반으로 보였다. 우리가 자랄 때 만나고 두어 번 만나 뵈었을까. 어머니와 가내 안부를 물어 오셨다. 나 역시 옛날이 떠올랐다. 버섯 지붕 같은 초가 마을이었다. 그 사이로 아침저녁이면 회색빛 긴 연기가 감돌던 산골이었다. 오순도순 한가족처럼 살아가던 생각에 숙이 숙모의 안부를 여쭈어 보았다. 숙이 삼촌은 뜻밖의 말씀을 전하셨다. 사실은 숙이 숙모의 건강이 좋지 않아 약을 사러 오셨다며 약봉지를 들어 보이신다.

숙이 숙모는 얼마 전 큰병으로 수술을 하고 요양 중이라고 했다. 마침 가을 찬 공기에 바람눈이라도 들었던가. 끝내 눈가가 발그레지더니 울먹거리셨다. 그러시면서 옛날부터 몸이 약한 사람이 아니더냐며 안타까워했다. 그러고 보니 유난히 작은 몸집에 아이처럼 아장거리며 걸어가던 모습이 떠올랐다. 철없던 우리들은 콩각시라고 소곤거리며 놀려댔던 게 생각이 났다. 이것이 부부의 사랑일까. 마음이 찡했다.

숙이 삼촌은 자식이 없었다. 성품이 괄괄하시던 숙이 할머니는 이런 아들에게 유난히 애착을 보이셨다. 삼신할미에게 자식 하나 점지받으려고 온갖 애를 다 썼다. 그 당시는 시골에는 아직 시험관 아기가 보급되기 전이었다. 다른 자식들은 아들이나 딸을 잘도 낳았지만 하필이면 막내인 이 아들에게만

후사가 없었다. 꽃이 피고 열매 맺는 것을 보게 되더라도, 텃밭에서 뽑은 무를 들고 고샅길을 오가면서도, 항상 중얼거리셨다. 땅에서도 이렇게 뿌리가 생겨나서 쑥쑥 크는데 몇 년째 감감 무소식이라며 안타까워하셨다. 이런 할머니 앞에 숙이 숙모는 더욱 몸 둘 바를 몰랐다.

어쩌다가 학교 주변에 이르면 더욱 더 손자 욕심에 안달이 난다고 하셨다. 등하굣길에 아이들이 우르르 몰려나오면, 한참 동안 바라보고 계신단다. 저 많은 아이들 중에 막내자식의 피붙이 하나만 있어도 좋겠다고 애태웠다. 수태에 좋다고 하면 모든 걸 뒤로하고 앞장서셨다. 그런데도 그렇게 기다리던 자식은 태어나지 않았다. 그런 까닭일까. 유난히 숙이 삼촌은 형님네 자식들에게 관심을 가지셨다.

친구 숙이는 왈가닥이었다. 동네에서도 소문이 나 있었다. 즉흥적이고 돌출적인 행동을 곧잘 했다. 동네사람들이 모였다 하면 수군거렸다. 어느새 소문은 부모님 귀에도 흘러들어갔다. 아예 나다니지 말라는 엄명과 함께 초저녁부터 대문을 걸어 잠궜지만, 그 말을 들을 숙이도 아니었다. 당부는 귓전으로 흘려버리고 혼자서 밤 마실을 종횡무진 돌아다녔다. 두렵거나 무서운 것은 아무것도 없었다. 이런 조카를 기다리고 계셨던지 언제나 삼촌 집 문은 열려 있었다.

내외분이 잠들어 있는 방에 불쑥불쑥 들어가서 잠이 들곤 했다. 아침에 눈을 뜨면 멋쩍은 일도 많았을 텐데, 굳이 언짢아하거나 싫은 기색을 보이지 않으셨단다. 도리어 조카를 자신이 곁에 재웠다며 옹호하고 나섰다. 이런 이유로 형님 내외와 자주 언쟁을 하곤 했다. 잘못을 저지르거나 꾸중을 들어도 유일한 피신처였다. 그 시절 생각이 자꾸만 떠올랐다. 지금도 눈앞에서 선한 웃음을 지으시는데 벌써 삼십 년 전 이야기가 아닌가.

세월은 많이 흘렀다. 말썽쟁이 숙이도 시집을 가서 이제 할머니가 되었다. 하지만 이곳만큼은 그때 그대로였다. 문명도

다가서지 못하고 비켜서 가는 곳이다. 옹기종기 마을을 이루며 살던 이웃들도 산간벽지라 다들 떠나갔다. 자식들이 있는 대처나 그나마 교통이 조금 나은 곳으로 이주를 했다. 지난해 아버지 성묫길에 찾아갔더니, 방치되어 있는 빈집만 여러 채였다. 이제는 대여섯 가구만이 산동네를 지키고 있었다. 태어난 곳에서 이처럼 일생을 사는 경우도 흔치 않다. 첩첩산중이라 바깥나들이조차 쉽지 않다. 그러다 보니 세상의 오욕五慾은 모르고 살아왔다. 오직 보이는 것은 해와 달, 어느새 찾아오는 산그림자뿐이었다.

그래서 더욱 정이 남다를까. 탄탄하게 살아온 부부 사이를 가로막을 것은 아무것도 없다. 세상 사람들은 수시로 변하지만 숙이 삼촌의 사랑은 영원하기 때문이 아닐까. 굳이 말하지 않아도 눈빛만으로 전해졌다. 마치 보이지 않는 곳에 꽁꽁 숨겨둔 보물처럼, 가슴에 꽉찬 아내에 대한 정이 먹물처럼 번져나고 있었다.

등잔불의 추억

며칠 전 저녁식사 준비로 한창 바쁠 때였다. 한순간 갑자기 정전이 되었다. 예고가 없었던 탓에 허둥지둥할 수밖에 없었다. 한 치 앞도 내다볼 수 없는 것이 인간사라고 하더니 세상이 온통 암흑가로 변했다. 아무것도 할 수 없었다. 어쩔 수 없이 양초를 찾아 불을 켰지만, 일렁거리는 바람으로 촛불마저 흔들리고 있었다. 아이들은 촛불에나마 잠시 갑갑함을 잊은 것 같았지만, 이내 짜증과 함께 안달이었다. 캄캄한 어둠 속에 여러 개의 양초가 제 몸을 녹이며 타고 있었지만 집안 전체를 비추지는 못했다. 오히려 어둠이 사위를 둘러싸고 모든 것을 단절시켜 적막하기만 했다. 밖을 내다보아도 역시 캄캄할 뿐이었다. 사람들이 떠나가고만 텅 빈 세상에 우리만 남겨둔 것 같았다. 미세한 바람을 타고 일렁거리는 촛불을 바라보니 문득 전기가 들어오지 않았던 옛날이 생각난다.

내가 어렸을 적에는 전기가 없었다. 모든 것이 귀하던 시절이라 대부분 가정에서는 석유 등잔불로 어두운 밤을 밝히며 살았다. 지금은 이렇게 흔한 양초마저 그 당시는 귀한 것이었다. 경건하게 예를 표하는 관혼상제 때나 쓰였기 때문이었을까. 함부로 쓰지 못하게 했다. 어렸을 때 주로 쓰던 것은 등잔불이었다.

호롱불 이전에 사용된 등잔은 멀리는 가야시대에서 시작되었단다. 무열왕릉에서 나온 등잔은 움푹한 그릇에 식물성 기름을 사용했다고 한다. 조그마한 사기나 양철로 만들어진 종지에 기름을 붓고 심지를 담궜다. 앉아 있을 때 곁에 두기 위함이었을까. 낮은 나무걸이에다 올려두는 것이 등잔불이다. 불을 붙이는 심지는 한지나 실을 꼬아서 만들었다. 종지에 기름을 가득 채우면 그을음이 생겨 반쯤만 채웠다. 불꽃이 이는 부분이 작다 보니 불 역시 희미하고 어두울 수밖에 없었다. 그 불을 가운데다 두고 어머니들은 길쌈과 바느질로 밤을 새우고, 아이들은 공부를 했다. 갑갑함에 바늘로 심지를 돋우면 그을음에 코밑이 시커멓게 되었다. 또 머리카락을 그슬리는 것도 예사였다. 어른들은 벌불이라며 들떠 있는 심지를 꼭꼭 누르셨다. 그럴 때면 왠지 아쉬웠다. 우리는 심지 옆으로 뻗치며 불꽃처럼 퍼지고 싶은 마음이었는데, 제지하시는 것이 못내 갑갑했다.

반딧불이 같은 불이지만 켜고 있으면 든든했다. 아늑함이 좋았을까. 이 불빛마저 없으면 캄캄한 밤은 무서웠다. 어른들은 자리에 눕기 전에 불부터 끄라는 말씀을 귀가 따갑도록 하셨다. 공부도 하지 않으면서 불만 켜둔다고 역정이셨다. 또 잘못해 엎지르기라도 해서 불이라도 나면 큰일이었다. 그날도 산골 마을에 일찍 밤이 찾아들었다. 괴괴한 정적에 불을 켜두고 그만 깜빡 잠이 들었나 보다. 쇠죽솥 뚜껑 소리에 놀라 잠에서 깨니 아침이었다. 간밤에 불을 끈 기억은 없는데 불은 꺼져 있었다. 가끔씩 부모님들이 돌아보시다가 불을 끄는 일이 있었기에 그러려니 했다. 하지만 그게 아니었다. 등잔이 방바닥으로 나뒹굴어져 기름이 흥건했다. 더 심각한 것은 여린 피부에 입은 상처였다. 따끔거리는 통증 때문에 어쩔 수 없이 어른들께 말씀을 드렸다. 큰일 날 뻔했다며 심한 꾸중을 들었던 기억이 난다. 그 일들을 떠올리며 아이들을 바라보니 세월은 많이도 흘렀다.

게다가 도회지에서 모처럼 집에 다니러 온 아이들은 때 아닌 정전에 갑갑함을 토로했다. 언제쯤 불이 들어오는지 참을 수가 없단다. 예전 같으면 일상에 젖을 시간에 이 황당함을 어쩌면 좋을까. 문명은 세상을 바꿔놓았다. 전파를 타고 날아오는 지구 곳곳의 상황들을 접하는데도 두뇌는 바쁘다. 짧은 시간이었지만 그만큼 문명에서 뒤쳐지고 말았다. 그것뿐이 아니다. 우리가 접해야 하는 요소마다 첨단을 걷고 있다. 인간이 발명한 기계의 편리함과 정확성은 한 치의 오차도 용납하지 않는다. 오히려 사람들의 손길을 제압하는 원천은 불이 아니던가. 원시시대 부싯돌에서부터 시작된 문명개화의 시점이 아니던가.

이 전기가 아무런 빛을 발하지도 못하던 그날. 문명의 이기들을 되돌아보았다. 오로지 투박한 손길에 의지하며 생활했던 순간들을 떠올렸다. 땔감으로 밥을 짓고 연기가 굴뚝에서 정처럼 피어나던 옛날이 새삼 그리워진다. 마음의 여유는 그때 그 시절이 낫지 않았을까. 오순도순 마음을 터놓고 정을 나누던 그 시절이.

이방인처럼

초여름 산빛이 고와 길을 나섰다. 굽이도는 산길을 돌다 보니 어느새 한참을 달려왔다. 바다가 보이는 와현을 거쳐 예구까지 가게 되었다. 내가 살고 있는 곳에서는 아주 먼 작은 바닷가 마을이었다. 동네 초입에는 해당화가 곱게 피어 있었다. 마을 어귀에는 햇볕에 그을린 어부들이 출어를 위한 그물 손질이 한창이었다. 만선을 기대하는 밝은 표정이었다. 길 가장자리까지 넓게 펼쳐진 그물 위루 햇살이 머무는 전형적인 어촌이었다. 마침 썰물 때라 갯벌이 드러난 바다가 눈에 들어왔다. 아무런 생각도 없이 성큼 그곳으로 들어섰다.

바삐 기어가던 게가 멈칫하더니 해초 속으로 숨어버렸다.

얕은 물이 찰박거리는 바위틈에는 고동이랑 성게도 있었다. 때 이르게 찾아온 몇몇 피서객들이 아이들과 함께 신바람이 났다. 여기저기서 즐거운 비명소리가 부산했다. 우리 역시 서 있기만 해도 즐거웠다. 아무런 준비 없이 왔던 터라 무료했다. 차에 있던 꽃삽으로 갯벌을 파헤치고 있을 때였다. 낯선 할머니께서 조심조심 다가오셨다. 일흔이 훨씬 넘어 보였다. 선한 눈빛과 편안한 얼굴이셨다. 막무가내로 뻘을 헤치는 나의 모습을 보고 "조개를 캘 줄 아느냐."고 물으셨다. 나 역시 대답대신 그저 웃기만 했다. 할머니는 이곳에 산 지 오십 년이 넘었지만 아직 조개를 캐보지 않았다며 웃으셨다. 번번이 허탕을 치는 모습을 지켜보시더니, 자꾸만 자신의 집으로 가서 쉬었다 가란다. 옆에 서 있는 남편에게도 함께 가잔다.

아무런 생각 없이 따라간 할머니의 집은 돌담을 사이로 바다를 가르고 있었다. 바닷물이 철썩거리는 담에는 하얀 굴 껍데기가 햇살을 받아 반짝거리고 있었다. 쉼 없이 파도소리가 귓전을 울리는데도 바다를 모른다고 하셨다. 눈만 뜨면 갯가에는 온갖 것들이 깔려있는데 신기했다. 욕심도 없이, 바다를 모르고 신선처럼 평생을 사신 것이다. 넓은 바다를 바라보고 사셨던 까닭일까. 조급함도 없고 답답함도 보이지 않았다. 쉬엄쉬엄 언덕을 오르면서 뒤돌아보고 웃으신다. 눈앞 세상과는 관심

없이 살아가시는 모습이 넉넉해 보였다. 할아버지는 함께 계시지 않았는데, 어디선가 잰걸음으로 달려오시는 것도 잉꼬처럼 뵙기에 좋았다. 저렇게 나이를 더해 가면 여유로워질까.

나 역시 사면이 바다로 둘러싸인 이곳에서 태어났다. 유년기를 거쳐 성장을 하고 한곳에서 계속 살아가고 있지만 언제까지나 이방인이다. 눈만 뜨면 보이는 것이 넘실거리는 바다였지만 헤엄조차 칠 줄도 모른다. 수영을 배우려고 했지만 물에 대한 공포증은 아직도 여전하다. 게다가 조개를 캐는 것만 해도 쉽지 않다. 막무가내로 파헤치다 보니 얻는 것은 별로 없다. 익숙한 사람들은 호미 끝으로 톡톡 두드려서 금방 알아낸다. 이러다 보니 굴, 미더덕까지 직접 까서 먹지를 못한다.

어렸을 때부터 뭍으로 나다녔으면 파도에도 익숙해져야 하는데 그렇지도 못하다. 예나 지금이나 변함없는 배 멀미는 생각만 해도 속이 울렁거린다. 이제 다리가 놓여 육로로 이동을 하다 보니 한시름 놓긴 했다. 하지만 소요시간은 여객선을 타는 것보다 배가倍加 되는 것을. 빠듯한 하루해를 생각하면 어쩔 수 없이 선박을 이용하게 된다. 이럴 때는 생각만으로도 공포에 떤다. 배 후미진 곳에서 나는 기름 냄새와 파도더미에 기우뚱거리며 내 몸은 그네를 뛴다. 입을 앙 다물고 망망대해를 바라보아도 눈앞에는 부옇게 흐려 있는 선창船窓뿐이다. 잠시 눈을 감고 잠을 청하려고 해도 정신은 더 맑아지는데 기분은 엉망이다. 왜 이토록 적응하지 못할까.

오랫동안 바다를 바라보고 살아왔다면 당연히 자신감으로 맞서야 할 것이다. 그러나 나는 아직도 이방인처럼 스며들지 못하고 산다. 그러다 보니 늘상 일상에서 비껴나 있을 때가 많다. 길거리에서 간혹 만나게 되는 피부색이 다른 그들보다도 더 심한 낯가림을 한다. 나를 둘러싼 세상이 나와 맞지 않는다면 쉽게 다가서지를 못한다. 그럴수록 몸도 마음도 지치고 만다. 그들과 같은 몸짓이나 행동이 여간 어색하지 않다.

할머니 댁은 아담했다. 대문을 따라 들어서니 먼저 눈길을 끄는 것은 바위였다. 걸터앉아 쉬어가라는 뜻이 담겼을까. 마당 앞에 바위가 멍석처럼 널찍하게 놓여 있었다. 뒤 따라 오신 할아버지와 우리 내외는 마루 끝에 앉아 바다를 내려다보고 있었다. 새파랗게 펼쳐진 먼 바다의 수평선이 앞마당처럼 정겨워 보였다. 빈손으로 불쑥 찾아들었는데도, 할머니께서는 이것저것 먹을 것을 권하며 좋아하셨다. 몹시 외로웠던 것 같았다. 두 노인은 대처에 살고 있는 자식들이 보내주는 용돈으로 생활하신단다. 하지만 할머니는 사람들을 그리워하셨다. 누구라도 자신들의 집으로 찾아드는 것을 그렇게 좋아했다. 생각다 못해 할아버지의 반대에도 피서객들에게 방을 내주었단다. 하지만 정서가 문제였다. 피서객들의 돌출적인 행동으로 인해 두 노인은 매일 이다시피 티격태격했단다. 우리와 함께한 자리에서도 노부부는 그 문제만큼은 예민했다. 할머니께서는 여린 성품이셨다. 금전보다도 진한 정을 그리워하셨다.

아랫방이 눈에 들어왔고, 깔끔하게 정리가 되어 있었다. 누가 사용하느냐고 물었더니 할아버지께서 말씀하셨다. 자신의 방이란다. 막내를 낳고부터 각방을 쓰신다고 했다. 삼십 년이 지났지만 아직까지 한 번도 합방을 하지 않으셨단다. 적적하신데 함께 주무시면서 정담도 나누시는 게 좋지 않느냐고 했더니 크게 웃으셨다. 금슬이 워낙 좋으셨나 보다. 젊은 시절 내자 곁에만 가도 애기가 생겼단다. 자꾸만 자식을 두기에도 벅찬 살림이라, 아랫방 윗방으로 나누어 별거를 하신 것이다. 부부가 그 정을 접어 두고 불 꺼진 방을 마주보며 얼마나 그리워했을까. 단지 그 이유 하나만으로 마음은 천 리가 되었다니 아이러니한 일이 아닐 수 없다.

한참을 살아가는 이야기들로 여담을 즐기다가 보니 시간이 많이 흘렀다. 파도소리가 들리기 시작했다. 할머니 댁 돌담을 향해 거침없이 들어오는 밀물이었다. 우리 내외는 그 소리에 놀라 얼른 자리에서 일어섰다. 아쉬운 듯 두 분은 먼발치까지 나와 배웅하셨다. 전혀 생각지도 못한 마을에서 마음의 여유를 느낀 나는 그야말로 이방인이었던 것을.

엄마 어렸을 적엔

인형전이 대성황이라는 보도를 접했다. 〈엄마 어렸을 적엔…〉이라는 작품전이었는데 인형을 좋아해 무척 보고 싶었다. 어렵게 시간을 내어 그곳으로 갔다. 전시 기간이 중반을 넘어섰는데도 많은 사람들로 발 디딜 틈이 없었다. 줄을 서기 위해 몇 시간을 기다리면서 관람을 못하는 것은 아닐까 걱정했지만 다행히 대열에 들 수 있었다. 관람객은 아이들부터 육칠십대 어른들까지 다양했다. 긴 줄을 서서 기다리는 표정들은 들떠 있었고 밖은 한겨울의 추위였지만, 전시장 안은 사람들의 열기로 후끈했다.

전시장 벽에는 가슴 뭉클한 글도 있었다. 어머니의 지극한 사랑은 자식을 향한 모성의 공간이었다. 참외를 좋아하는 아들을 피난길에서 잃어버리고 말았다. 자식에 대한 애타는 마음으로 참외행상을 했다. 함지를 이고 다니며 아들과 헤어진 장소에 이르면, 행여 아들에게 전해지지나 않을까 하는 생각에 항상 참외를 갖다 두었던 어머니의 이야기였다. 그것을 읽고는 찡해졌다.

인형들의 나라로 들어섰다. 한 점 한 점 그 모습을 들여다보니 투박한 모습에서 편안함이 느껴졌다. 질박함에서 옛날로 돌아간 것 같다. 포플린 적삼을 입고 어머니가 아이에게 젖을 물리고 있었다. 저고리의 동정이 예스럽다. 아이는 엄마 품에서 단잠이 들었다. 그 곁에는 큰 감나무를 에워싼 정경이 향수를 불러일으킨다. 할아버지께서 뛰어나오고 도망가는 악동들의 모습이 웃음을 자아내게 한다.

농촌풍경이 잘 그려진 고향집도 있었다. 시렁에는 메주가 걸려 있고 마루 밑에는 멍석이랑 화로가 놓여져 있다. 안방에는 아이들로 북적댄다. 그 틈바구니에도 윗목에는 콩나물이 자란다. 검은색 덮개를 여니 샛노란 콩나물이 싱싱하다. 벽에 붙어 있는 한 장짜리 달력. 낮은 문 위에는 흑백의 사진도 걸려 있었다. 섬세한 묘사에 감탄이 절로 나온다. 시골소년이 지게를 진 모습도 보인다. 아이들이 지게를 지고 다니며 땔나무를 했다. 솔가지 한 짐을 내다 팔아 새 고무신을 사오던 날도 있었다. 신발이 닳을까 봐 신지도 못하던 아이들이었다. 요즘 아이들은 상상이나 할 수 있을까?

평상에 앉아 수박화채를 나눠 먹던 여름날. 얼음은 이제야 대문을 들어서는데 그릇부터 챙겨든 아이들이 재미있게 표현되어 있다. 어렸을 적 생각에 웃음이 나온다. 공동 수돗가의 모습도 있다. 줄지어 있는 물통들. 깨진 하수관마저 정답다. 차례를 기다리며 수다를 떠는 동네 아주머니들. 지금은 이웃도 사라져가고 있지 않는가!

학창 시절 이야기도 있었다. 책상을 둘로 나누어 심통을 부리는 얼굴이 우습다. 토라져 말도 건네지 않던 초등학교 시절이었다. 학교 난로 위에는 찌그러져 볼품이 없는 알루미늄 도

시락이 있었다. 그것마저 싸오지 못한 친구들과 함께 먹던 꽁보리밥. 마지막 한 숟갈을 서로 권하던 아이들도 초로의 길로 들어섰겠지. 머리카락이 희끗한 다른 관람객들도 머리를 끄떡인다.

아이들의 빨간 엑스란 내의가 살가워 오래전 나를 보는 듯하다. 잠옷처럼 입고 집안에서 돌아다녔던 기억이 새롭다. 군용 모포를 덮고 있는 아이들이 있었다. 구멍이 뚫려 낡은 것이었지만 옹기종기 앉아 있을 때면 바람막이가 되어 주었다. 거리에는 구멍난 솥을 떼우던 곳도 있었다. 물이 새는 곳을 찾아 납을 발갛게 달구던 생각도 난다. 옛날 우리 집에도 저렇게 떼워 썼던 기억이 있다.

인형의 이야기는 끝이 없다. 그 시대를 재조명했기 때문이다. 작품마다 애정이 깔려 있었다. 가슴에는 잔잔한 감동이 일었다. 답답한 세상이 여유로워졌다. 그렇지만 함께 간 아이는 무표정하다. 아무래도 세대차이인 것 같나. 아이들이 어떻게 그 시절을 이해할 수 있을까?

아이가 그나마 신기하게 바라본 것은 콩나물시루였다. 까만 덮개를 열어보며 궁금해했다. 우리가 어렸을 적에는 쉽게 접하는 모습이었지만 아이들은 생경스러웠나 보다. 누구나 즐겨 먹는 콩나물이 좁은 틈바구니에서 자라는 것이 재미있었을까.

나의 눈앞에는 시골집 풍경이 펼쳐진다. 유난히 콩나물을 자주 놓았던 윗목이 아련하다. 잠시 어른들이 출타하면서 콩나물시루에 물을 자주 주라고 하셨다. 철없던 내가 다른 곳에 정신이 팔려 잊어버리는 것은 다반사였다. 그래서일까. 어른들은 집에 들어서기가 무섭게 콩나물 "물은 주었느냐."고 챙기셨다. 기어들어가는 목소리로 대답을 하면 이내 눈치를 채셨다. 콩나물은 충분한 수분을 공급받지 못하면 잔발이 많고 질겼다. 그것을 알 리 없는 어린 나이다 보니 소홀할 수밖에. 그래도 콩나물은 자랐다. 철없는 우리처럼 좁은 공간 열악한 환경에서도 씩씩하게 자랐다. 뒤돌아보면 콩나물이나 우리 역시 충분한 섭생이나 자양분도 없었다. 맑은 물과, 구들장 같은 온기가 모두였던 것을. 가까스로 부대끼며 살아온 옛날이었다. 그 당시는 누구나 열악한 환경에서 살았다. 춥다고 해도 옛날만큼 할까. 윗목에 두었던 자리끼에 얼음이 얼고 문고리에 손이 달라붙던 맹추위였다.

세상은 변화를 추구하는데 나는 아직도 인형 속에서 꿈을 꾼다. 옛날을 반추하는 것은 나의 마음밭이기 때문이다. 유년시절 겪었던 지난했던 일상들이 나를 키웠다. 삶을 더 깊게 성찰하는 안목도 느끼게 하고 팍팍해진 내 자신에게도 여유를 준다. 또 그랬던 과거사였기 때문에 더욱 더 열심히 살아가지 않을까.

세월이 지나 옛날이야기 같지만 우리의 과거사였다. 어렸을 때 갖고 싶었던 인형을 지금도 좋아하는 것처럼, 아린 가슴이 인형전을 향한 관심사였던 것 같다. 지난날을 되돌아볼 수 있는 좋은 전시회였다. 옛 고향을 다시 찾은 것 같아 마음이 푸근해졌다. 타임머신을 타고 옛날을 다녀온 듯 차에서 내렸다.

지름길

객지에서 공부하는 오빠는 주말마다 집에 오곤 했다. 그런 오빠를 아버지는 늘 기다리셨다. 저 멀리 수평선 위로 여객선이 뱃고동을 울릴 때면, 나와 동생들의 눈길은 이미 뱃머리로 향했다. 하얀 포말을 그리며 달려오던 배가 정박을 하고, 시커멓게 보이던 물체가 선명해질 때면 어김없이 논둑길에서 오빠가 보였다. 우리들은 오빠를 만날 수 있다는 반가움으로 마당을 뛰어다니며 즐거워했다. 아버지는 큰길에서 기다리시고 우리들은 뒷마당에서 기다렸다. 초췌한 모습의 오빠는 논둑으로 난 지름길로 집에 왔다. 그곳은 뒷문도 아니었다. 가끔씩 짐승들에게 줄 풀을 뜯기 위해 임시로 만들어진 통로였다. 몸을 웅크리고 발을 딛기에도 좁았다. 이웃과 경계로 잿간이 딸린 아래채라 거미줄까지 걸려 있었다. 작은 키인데도 겨우 구부려서 마당으로 들어섰다. 인사를 드리려 아버지를 찾을 때면, 벌써 얼굴에 불편함이 드러났다. 그때만 해도 아들이 섬을 떠나 뭍에서 유학하는 것만으로 뿌듯해 하셨다. 이웃들에게도 장성하여 의젓한 모습을 보여주고 싶었는지도 모른다.

다정다감하던 오빠는, 가끔씩 집에 다니러 오면 우리들에게 무엇이 갖고 싶으냐고 수시로 묻곤 했다. 육남매의 장남이었던 오빠는 못난이 여동생 셋을 나란히 세워놓았다. 장래의 희망이나 “꿈”이 무엇이냐고 물었다. 어린 마음이라 대답 역시 “꿈”같이 했다. 그도 그런 것이 어려서 동생들은 말뜻을 이해하기조차 힘들었다. 그런데도 면박을 주거나 꾸짖지 않고 웃기만 했다. 언제나 소꿉놀이할 때처럼 부드럽게 대해주었다. 어디를 가더라도 꼭 동행했다. 철없는 우리는 참 좋아했다. 엄격하기만 한 아버지보다 오빠가 더 좋았다. 무엇이든지 이다음에 꼭 이뤄 주겠다는 약속을 했다. 정말 동화 속의 아이처럼 온갖 것을 펼칠 수 있는 상상을 했다. 그래서일까. 지금도 〈오빠 생각〉 이라는 노랫말만 들어도 눈물이 난다. 왜 그렇게 큰오빠에게 마음을 주고 기대를 했을까.

아버지께서는 항상 오빠의 당당한 모습만을 기대했다. 훤한 얼굴로 자신감 있게. 하지만 오빠는 그것을 지키지 못했다. 모든 게 여의치 않아서인지 항상 주눅이 들어 있었다. 원대한 꿈으로 도전했던 전공분야가 사양길로 접어들고, 취업마저 힘든 때 결혼했다. 벅찬 출발이었다. 주위를 맴도는 가족들은 많았다. 부담감이 얼마나 온몸을 옥죄었을까. 그것이 본인에게는 더 큰 괴로움이 아니었을까.

설마했던 일이 현실로 나타났다. 오빠가 건강이 좋지 않다는 기별이 왔다. 처음에는 감기인줄만 알았다. 며칠 약을 먹고 휴식을 취하면 회복될 것 같았는데 그게 아니었다. 이 병원 저 병원으로 입원을 하며 치료가 늦어지더니 그만 시기를 놓쳐버렸다. 병원에서의 치료가 끝나고 집으로 퇴원했다. 단지 임종을 집에서 맞는다는 이유였다. 산소호흡기를 달고 의식이 불분명한 상태였다. 그때 새언니는 왜 나에게 자리를 할애했을까.

간이 침상에 누운 오빠하고 오랜만에 동행했다. 그것도 응급차를 타고서였다. 물론 곁에는 동승한 의사도 함께였다. 의식이 점점 희미해져감을 지켜보던 의료진이 나에게 물었다. 조금 전보다 더 긴장된 분위기였다. 뭔가 다급해진 분위기임을 느낄 수 있었다. 좀 더 “지름길”이 없느냐 했다. 그때 왜 어린 시절이 떠오르는지 참 안타까웠다. 왜 오빠는 평소대로 좁은 길, 지름길로만 달려가야 했을까. 온갖 길은 펼쳐져 있어 무한한 곳으로 도전할 수 있었을 텐데 그것이 오빠의 한계였다. 오빠와 함께 살아왔던 삶이 성긴 수숫대 울타리 같았지만, 그나마도 온기가 있었다. 바람소리가 우우하고 불어와서 마른 잎 비비는 소리가 들려도 지나고 보니 아름다웠던 시절이었다. 혈육은 왜 같은 공간에서 느낀 그 흔적을 통해 끈끈한 정을 느끼는지 알 수 없었다. 그 순간 머릿속에는 온갖 추억들이 파노라마처럼 스치고 지나갔다. 그때, 감색 교복을 입고 샛길로 들어왔을 때가 주마등같이 스쳐갔다. 멋쩍은 미소를 지으며 머리에 묻은 거미줄을 털어내는 모습이었다. 감성이 예민하던 오빠는 초여름 싱그러움에 젖었던가. 가을이면 들녘에 핀 쑥부쟁이를 쫓아 논둑길로 들었다. 싸늘하게 식어가는 체온은 모든 것을 외면했지만, 내 마음은 울음 그 자체였다. 아직도 그 속에는 유년기의 어린 내가 안타깝게 지켜보고 있었다.

동승한 의사는 차 앞 유리를 통해, 기사에게 좀 더 빨리 갈 수 없느냔다. 그 순간 구급차는 기다렸다는 듯이 강풍처럼 달려갔다. 울음 같은 경적은 허공에까지 메아리쳤다. 눈앞은 흐려지고 내 안은 어느새 오빠를 부르는 소리로 가득 찼다.

소장품所藏品

벌써 며칠째 나는 그것을 찾고 있다. 결혼패물인 터라 소중하게 생각하며 귀밑머리 수십 년 세월을 반추하며 살지 않았던가. 그때만 해도 장롱 속에 묻어둔 금반지는 참으로 값진 것이었다. 금 모으기 운동에도 동참하지 않고 이것만큼은 간직하고 살았었다. 세월 따라 유행에 뒤떨어지고 광택을 잃긴 하였지만 나에게 있어서만은 보물 제1호인 까닭이다.

그런 보물이 사라진 것이다. 너무 소중하여 깊숙한 곳에 넣어둔다는 게 잠잠하던 내 건망증만 도지게 하였으니, 황당할 노릇이었다. 덕분에 장롱과 서랍을 정리하게 되었지만 마음이 개운하지가 않다. 왜냐하면 요즘 따라 이런 건망증으로 인한 불편함이 잦은 까닭이다. 무슨 이야기를 들어도 돌아서면 금방 잊어버릴 때가 많다. 이러다가 내가 또 무슨 실수를 하게 될지 은근히 걱정이 되곤 한다.

얼마 전에는 자동차 보험료 납부기일을 놓쳐버린 적이 있다. 이런 나를 예감이나 하듯 보험회사에서 미리 통보를 해주었지만 소용이 없었다. 다른 공과금과 모아서 한꺼번에 내면 될 것이라는 아집을 부린 것이다. 그때까지만 해도 납입기한까지는 아직 많은 날짜가 남아 있었기 때문에 그다지 큰 문제가 되지 않을 줄로 알았다. 그러나 그게 또 문제가 된 것이다. 그제서야 보험회사에 연락하여 대책을 강구하였지만, 무보험 차량이라는 사실만 확인한 셈이다. 그날은 객지에서 공부하는 아이들과 만날 약속이 되어 있었다. 아이들의 반찬거리 등을 챙겨서 갖다 주기로 한 날이어서 차가 꼭 필요했던 것이다.

이런 일이 허다하다. 그럴 때마다 나는 가족들한테 따가운 눈총을 받곤 한다. 하지만 그것도 잠시뿐이다. 자존심이 상할 정도로 잔소리를 듣고서도 돌아서면 깜박한다. 할 수 없이 메모하는 습관을 들이기도 했지만 부끄럽게도 나는 그 쪽지조차 어디에 두었는지 모를 때가 많다.

지천명의 나이를 훌쩍 넘어서고야 이런 사실을 절감하게 된 것이다. 팔순을 넘긴 어머니에게 이런 이야기를 할 때면, "니가 벌써!" 라고 하면서 역정을 내신다. 도무지 믿고 싶지 않은 눈치다. 아직도 내가 품안의 자식이라는 사실만 어머니는 기억하고 싶은 것이다. 이런 어머니처럼 나도 이제 기억하는 것이 한정된 것 같다. 지극히 기본적인 것만 인식할 뿐, 돌아서면 곧 잊어버리곤 한다.

한 번 입력된 기억은 지워질 수 없는 것인 줄 알았는데, 언제부터인가 무시로 지워지고 있는 것을 느낀다. 더는 기억될 수 없는 한계상황에 도달한 것일까. 점차 희미해져가는 기억들을 붙잡고 가는 세월을 돌이켜본다. 내 삶의 파노라마가 자신도 모르게 하나 둘 지워져가고 있었다. 오롯이 기억만을 저장해둔 곳에 그 누가 침범했단 말인가.

사람이 살아가는 데 있어, 망각 또한 기억만큼이나 소중한 생리적 현상이라 생각한다면 그리 아쉬워할 일만은 아닐 것이다. 그저 마음과 몸이 행하는 대로 따르면 될 것이다. 그것이 순리가 아닌가 싶다. 이 복잡한 세상에 단순하지 않으면 살 수 없을 것 같아서 이 모든 것을 긍정적으로 받아들일까 한다.

그럼에도 불구하고 나는 금반지를 찾으려고 내 기억의 창고를 샅샅이 훑는다. 찾았던 곳을 또 찾고 뒤적거린다. 아무리 생각해도 그것만큼은 꼭 찾고 싶다. 그것은 내 삶에 있어 든든한 동반자였고 단칸방 힘든 시절에 전당포 앞을 서성거리면서도, 우리 가정을 지켜나가던 든든한 힘이었던 까닭이다.

어떤 나들이

알람소리에 잠이 깨었다. 몰려오는 잠은 참 달콤했다. 꿀맛 같았다. 엊그제까지 불면의 밤을 보냈는데 왜 이렇게 눈꺼풀이 무겁게 내려앉을까. 새벽 네 시 반 서둘러야 했다. 첫 차를 타고 서울로 향해야 한다. 아직 남아 있는 잠들은 이불 속에 곱게 접어 두고 자리에서 일어났다.

여명 속에 아침이 밝아 오고 있었다. 시가지는 아직 잠에서 깨지 않았는지 부스스한 모습이다. 사람들이 만든 사각의 콘크리트는 그들 때문에 침묵하고 있었고, 가끔이나마 희끄무레한 움직임에 생동하는 새날을 맞는다. 하나 둘 승객들이 찾아

든다. 빠끔한 창문으로 무뚝뚝한 매표원의 얼굴이 보이고, 허겁지겁 달려온 손님은 표를 구한다. 버스는 승객으로 가득해지고 점검을 마친 기사는 유유히 터미널을 빠져나와 쭉 뻗은 도로를 질주한다.

물결 고요한 바다를 내다보았는데 또 산을 만났다. 연한 연둣빛이 참 곱다. 고운 것도 잠시다. 어느새 감겨오는 눈을 어쩌지 못해 감아버렸다. 모두들 잠에 빠져들었다. 몇 차례 터널을 지나고 우뚝 선 마을들이 다가오면 또 다시 멀어지는 것이 수차례다. 야트막한 산 밑으로 동네가 보이고 강이나 언덕배기 집도 예쁘다. 잠시 정차하겠다는 기사의 안내방송 후, 차는 가쁜 숨을 내쉬며 멈췄다. 휴게소다. 승객들은 기다렸다는 듯이 하나 둘 자리에서 일어난다. 마치 오랜만에 햇살을 만난 것처럼 얼굴이 밝아졌다. 휴게소 주차장에는 차와 사람들로 붐빈다. 여기저기 여행객들은 밝고 즐거운 얼굴들이다. 중년을 넘어선 등산복 여인들의 넉넉함까지 어우러진다. 그들의 여유도 부럽다. 그 사이로 또 다른 모습도 보인다. 젊은 남자는 상을 당했나 보다. 팔소매에 차고 있는 표장은 슬픔을 말해준다. 살아가면서 겪어야 하는 희로애락의 집합소며 수많은 감정들의 교차점이 되는 곳이 이 장소가 아닐까. 언제나 느끼는 감정이지만 휴게소를 들릴 때마다 나는 그들의 얼굴을 읽는다. 차마 드러내지 못하는 그들만의 감춰진 표정까지도 눈에 들어온다. 시간에 쫓겨 승객들은 먹을 것을 들고 자리를 찾는다. 앞자리의 승객은 옆자리 외국인에게 먹을 것을 권한다. 안 먹겠다면서 땡큐를 연발한다. 정은 통했나 보다.

버스는 또 다시 광야를 질주한다. 마치 먹잇감을 찾아 포효하는 동물처럼 소리를 지른다. 그 소리에 놀랐는지 몸집이 작은 차들은 꽁무니를 뺀다. 달리고 감춰지고 잡힐 듯 술래잡기를 하며 사라지기도 하고 새로운 동반자들과 나란히 한다. 펼쳐지는 것은 넓고 푸른 숲 속이라 이채롭다. 지역을 알리는 광고판이 얼굴을 내밀고 곧게 펼쳐진 길 사이로 작은 길들을 수없이 만난다. 점점 하늘로 닿을 듯한 거대한 건물들이 양쪽으로 다가온다.

요금소에 이르니 서울이라는 단어가 반갑다. 차들도 점점 속도를 줄여 잠시 멈추었다가 또 다시 달리기 시작한다. 시가지가 온통 광고물로 도배를 한 느낌이다. 전광판들의 현란함만이 도시감각을 느끼게 한다. 잠시 후 차는 정류장에 들어섰다. 네 시간을 넘게 달려온 몸이 앙탈을 부린다. 팔다리를 움직여 근육을 풀어본다. 콘크리트에 두 발을 내딛는 느낌이 새롭다. 개찰구를 빠져나와 지하철역으로 이동한다. 싸한 차가움이 얼굴에 닿는다.

계단을 따라 내려서니 굉음과 함께 거대한 물체가 들어선다. 지하철이 재빠르게 다가오자 사람들은 기다렸다는 듯이 몸을 싣는다. 나 역시 그들과 함께 무리 속으로 들어갔다. 나는 오늘 이 먼 곳까지 친지의 결혼식장에 오는 길이다. 서울에 오면 언제나 낯설다. 밀리듯이 오가는 인파들이며 복잡하면서도 편리한 교통수단에 잠시 정신이 없다. 두 눈을 크게 뜨고 두리번거렸다. 큰 건물 속에 예식장이 보였다. 복잡한 로비를 지나 오늘의 혼주를 만났다. 모두가 반가운 이들이다. 축하객들로 분주한 곳이었지만 모두가 목소리를 높여 안부를 묻느라 정신이 없다.

식장 안으로 들어서니 잘생긴 신랑과 예쁜 신부가 활짝 웃고 있다. 오늘의 주인공들은 그야말로 멋져보였다. 축하 연주를 감상하면서도 소곤거리며 미소짓는다. 사뿐사뿐 걸을 때마다 여왕처럼 당당하고 자신감이 넘쳐난다. 식은 끝났다. 한 삼십 분이 흘러갔을까. 오늘처럼 예쁘고 당당하게 잘살기를 기원하며 결혼식은 끝났다.

그 먼 길을 마다치 않고 달려온 지인들도 손을 흔들며 왔던 길로 향했다. 그 짧은 만남을 위해 하루 종일 달려왔었나 보다. 삶 자체가 잠시 만나고 헤어지는 휴게소였다. 차창 밖으로 오래도록 긴 여운만 남았다.

제3부

쉬었다 가는 길목

쉬었다 가는 길목

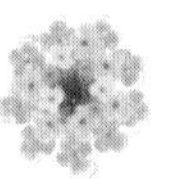

이른 아침부터 버스를 기다리는 사람들이 삼삼오오 모여앉아 있었다. 밭에서 나는 푸성귀들을 들고 새벽시장에 팔러 온 모양이었다. 곰곰이 살펴보니 노인들이 대부분이었다. 저마다 보퉁이를 들고 있었는데, 같은 동네사람들인지 서로 편안한 대화가 오갔다.

농사에 관한 이야기가 대부분이었다. 올해 마늘이 왜 그런지 모르겠단다. 쑥쑥 자라지도 않고 잎사귀가 고불고불하게 감겨있다며 걱정을 했다. 이를 듣고 다른 할머니가 농약방에 가면 약이 두 가지가 있다며 가격까지 일러주신다. 그분들의 말씀에 귀를 기울이고 있는데, 마침 기다리던 차가 왔다.

차를 타기 위해 줄을 서자, 내 앞에도 뒤에도 모두가 할머니들이라 갑자기 내가 젊은 사람이 된 기분이었다. 군데군데 할아버지들도 몇 분 계셨다. 차비를 내는 것을 보니 내외가 함께 오신 분들은 아닌 듯하다. 어떤 할아버지 한 분은 잔돈이 없어 큰돈을 내신 모양이다. 거스름돈을 미리 준비하지 못한 기사는 난처한 기색이었다. 버스에 오르는 승객들에게 차비를 할아버지께 직접 드리라고 한다. 그럼에도 불구하고 할머니들은 버스에 오르자마자 습관처럼 요금함에 차비를 넣는다. 자꾸만 같은 말을 반복해야 하는 운전기사는 짜증스러운 얼굴이다. 좁은 통로에서 잔돈을 받기 위해 서 있던 할아버지도 당황하는 기색이 역력하였다. 이 광경을 지켜보는 내가 도리어 안타까울 지경이었다.

늙어지면 누구나 저렇게 몸보다 마음이 더 급해지는 것일까. 모두들 무엇이 그리 바쁜지 허겁지겁 버스에 오르고 있었다. 저러다가 행여 몸의 균형을 잃지 않을까 염려스럽다. 다행히 내 앞에서 요금계산이 끝이 나는 바람에 나는 정상적으로 요금함에다 차비를 넣었다.

버스가 막 출발하려던 순간 다시 문이 열리는 것이 아닌가. 뒤늦게 할머니 한 분이 바쁜 걸음으로 차에 오르는 것이었다.

기사가 백미러로 버스 뒤에서 손을 들고 달려오는 할머니를 보신 것이다. 그 할머니는 놓치는 줄 알았던 차를 타게 된 것이 고맙고 겸연쩍었는지 묻지도 않는 이야기를 하며 멋쩍어했다. 오랜만에 친구를 만나 이야기하다가 버스 시간을 놓칠 뻔했단다. 모처럼 친구를 만나게 되니 반갑고 흐뭇했던 모양이다.

버스는 어느새 아스팔트 위를 가볍게 달려간다. 나는 옛날 먼지가 풀풀 날리던 신작로를 떠올린다. 그 길은 작은 자갈돌이 펼쳐진 길이었다. 소달구지를 타고 다니던 시절에 이 길을 가면 유난히 소가 꽁지를 힘껏 흔들었던 것 같다. 파리 몇 마리가 함께 따라가던 것을 소가 안 것이다. 그때는 길가에 선 나무들도 모두가 다 친구였다. 봄에는 새파란 보리밭이 친구였고, 가을이면 빨갛게 달려 있던 감나무도 친구였다. 그러나 지금은 이 모든 것을 찾을 길이 없다. 그저 따가운 햇살을 맞으며 타박타박 하루 종일 걸어다녔던 그 길을 이제는 버스를 타고 순식간에 달려갈 뿐이다. 생각하면 할수록 잊을 수 없는 추억의 길이다.

창밖의 풍경은 마치 영화장면처럼 지나간다. 넓은 들이 보이다가 이내 열려진 바다가 보인다. 하얀 부표가 눈길을 보낸다. 아기자기하게 모여 사는 동네가 눈에 들어오는가 하면 언덕배기에는 전광판도 있다. 차는 물고기가 선회하듯이 빙빙

돈다. 직선을 가다가 우회전을 하면서 동네 안으로 들어간다. 이리저리 돌며 기다리는 사람을 태우거나 또 내려주기도 한다. 기다리는 사람의 얼굴에는 잠시 반가움과 안도감이 스쳐 지나간다.

버스정류장에서는 잠시 기다리는 시간마저도 지루했었는데, 막상 버스를 타고 보니 그게 아니었다. 목적지가 가까워지자 아쉬운 마음이 든다. 우리들 인생이 그리 먼 곳에 있는 게 아니었다. 내 삶도 이젠 가끔씩 버스를 타고 쉬었다 가는 연습을 해야 할 것 같다. 오직 내 갈 길을 위해 지름길로 가는 것보다는 남의 목적지도 구경하며 천천히 돌아서 가는 것도 좋지 않을까 싶다.

차를 타면 모두 자신들만의 목적지를 향해 직선으로 달려간다. 조금이라도 빠르게 갈 수 있는 방법을 모색한다. 그러다 보니 휴식이라곤 없다. 시간이 주는 강박관념 속에 내쫓기듯이 또 다시 남은 여정을 향한다. "삐"하는 버저소리에 깜짝 놀라 정신이 들었다. 하마터면 그냥 스칠 뻔했다. 어느새 목적지에 도착한 것이다.

차에서 내리니 시야가 툭 트였다. 푸른 물속에 불쑥 손이라도 담그고 싶은 기분이다. 정박한 작은 어선들이 파도에 어깨를 들썩거리며 물결치는 대로 흔들린다. 낚시꾼들의 바쁜 손놀림도 눈에 들어온다. 참으로 여유로운 어촌풍경이 내 삶의 바탕이 되어 흐른다. 마중을 나온 지인이 저만치서 손을 흔들며 다가온다.

정 만들기

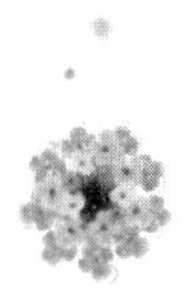

모처럼 나들이에 나섰다. 집을 나서니 오랜만에 소녀처럼 마음이 부풀어 기분도 상쾌했다. 얼마쯤 지났을까. 발이 아프기 시작했다. 조금 이러다가 괜찮겠지 했지만 그게 아니었다. 시간이 지날수록 더 아팠다. 그렇다고 다른 신발을 바꿔 신을 수도 없는 노릇이었다. 스타킹 위로 투명하게 드러나는 양쪽 엄지발가락은 벌써 부어올라 발갛게 되어 있었다. 할 수 없이 나는 버스 안에서 신발을 벗고 있어야 했다. 다른 승객들한테는 미안했지만 어쩔 수가 없었다.

잠시나마 발이 편안해지니까 차창 밖으로 스쳐지나가는 풍경도 눈에 들어오고 뻗어 있는 도로의 이정표도 눈인사를 건넨다. 멀게 느껴지던 마을도 지척에서 반기는 것 같았다. 하지만 그것은 그렇게 오래가지 않았다. 장거리인지라 버스를 몇 번씩 갈아타야 했다. 나는 발이 편안해지기도 전에 다시 불편한 신발을 신고 차에서 내리곤 했다.

목적지에 도착했지만 신경은 온통 아픈 발에 가 있었다. 언제쯤이면 신발을 편하게 벗을 수 있을까 하는 생각뿐이었다. 하루 일정을 마치고 숙소로 돌아오자마자 발을 살펴보았다. 짓무른 발에 미세한 나일론 올들이 서로 엉겨져 있었다.

신발과의 분쟁은 다음날에도 계속되었다. 많이 걸어야 하는 일정이라 온몸이 지칠 대로 지쳐버렸다. 어서 빨리 집으로 돌아가고 싶은 마음뿐이었다. 할 수 없이 신발 뒤축을 구겨 신을 수밖에 없었다. 그러나 그조차도 덜렁거리면서 발의 아픈 부위를 자극할 뿐이었다. 애써 걸음을 줄여보았지만 소용이 없었다. 어떻게 집으로 돌아왔는지 모를 정도였다. 발은 엉망이었다. 어제보다 더 심하게 부어올라 물집이 터져버렸다.

아픈 발은 나에게 며칠 동안 금족령을 내렸다. 외출을 자제하고 집안에서 근신하도록 했다. 실내에서 맨발로 지내다 보니 발은 편안해졌다. 날아갈 것 같은 기분이었다.

어쩌면 내 발이 문제인지도 모를 일이다. 신발만 신으면 까

탈거리지 않았던가. 왼쪽 오른쪽 두 발의 크기가 다르기 때문에, 구두만큼은 꼭 맞춰 신어야 되겠다던 구둣방 아저씨의 충고도 있었다. 하지만 어떻게 두세 배나 비싼 맞춤 신발만을 내가 고집할 수 있단 말인가. 매장에 가면 싼 가격으로도 얼마든지 예쁜 것을 살 수가 있는데, 굳이 비싼 신발을 맞추어 신는다는 것은 나에게는 사치였다.

막상 그렇게 생각을 하면서도 새 신발을 고를 때는 온통 신경이 쓰인다. 예쁜 것은 발에 맞지 않고 발에 맞는 것은, 언제나 겉모양새가 별로인 까닭이다.

그것을 알면서도 예쁘고 화려한 신발에서 눈길을 떼지 못한다. 이런 나에게 눈치 빠른 직원은 신어보라며 건네주지만 역시나다. 그 신발들은 하나같이 날렵하고 갸름해 오이씨 같은데, 볼이 넓은 자신의 발과는 거리가 멀다. 이런 나에게는 바닥이 수평을 이루는 실버형 안전화가 제격이다. 하지만 시행착오는 언제나 거듭된다. 편한 신발을 신고 가려고 했는데 출발하기 직전에 갑자기 마음이 바뀌었다.

막상 옷을 다 입고 보니 그 신발이 어쩐지 어울리지 않는다는 생각이 들었다. 할 수 없이 그 옷에 맞는 새 신발을 신고 나선 것이 화근이었다. 그로 인해 나는 한참 동안 고생을 했다. 상처가 난 곳에 살짝 스치기라도 하면 따가워서 견딜 수가 없었다.

그것은 마치 티격태격하며 살아가는 우리들 인생사처럼 느껴졌다. 한 몸의 발도 왼쪽 오른쪽이 이렇듯 차이가 나는데 타인과의 관계에선 오죽할까.

살아가면서 우리는 많은 사람들과 정 만들기를 한다. 그 과정에서 서로의 생각이나 성향을 이해할 수 없어, 종종 오해를 사는 일도 있었다. 개인의 취향을 알 수 없듯이, 보여지는 겉모습과는 또 달랐다. 서로의 속마음을 알 수 없었기 때문이었다.

그러면서 항상 새 신발처럼 예민할 때가 많았다. 그럴 때마다 구두 표면의 반질거리는 광택처럼, 필요 없는 자존심만 내세우곤 했다. 그리곤 제각기 자신을 몰라준다는 섭섭함으로 마음을 다치지 않았던가.

어느 한쪽이 아픈 발이 되어 서로에게 맞춰지기까지는 서로에 대한 굳은 살도 박히고 무디어지고 또 남 모르는 아픔을 겪어야 한다. 그리고 까칠거리던 개성個性도 부드러워지면서 새살이 돋아나는 것이 인간관계가 아니던가.

그러기에 세월을 무던히 감내해야 하는 것이다. 내 발과 맞지 않아 그렇게 투덜대던 예전의 그 신발이 사뭇 편안해진 것처럼.

시집가는 날

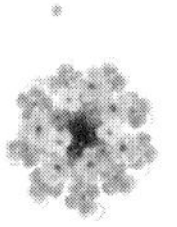

며칠 전 국립악극단의 공연을 보았다. 좀처럼 연극을 접할 기회가 없었던 나에게는 참 좋은 시간이었다. 돈으로 벼슬을 산 맹진사댁 이야기였다.

낮은 신분으로 뒤늦게나마 벼슬길에 오른 맹 진사는, 자신의 딸 갑분이를 어떻게 해서든 양반댁으로 시집 보내기를 원했다. 그래서 김 판서댁 도령과 혼사를 시키려고 온갖 술수를 다 썼다. 막상 성사를 시키고 좋아하나 사위 될 사람의 선을 보지 않았던 것이다. 어떻게 얼굴도 보지 않고 시집을 보내느냐며 집안 어른들의 반대도 만만찮았다. 그렇지만 맹 진사는 오직 권세 높은 명문가에 딸을 시집보낸다는 것에만 마음이 들떠 있었다.

그리고는 아전과 함께 궁색하고 망신스런 가문의 족보를 고쳤다. 생원이던 조상들을 마치 높은 관직을 지냈던 것처럼 마음대로 써넣은 것이었다. 어리석은 맹 진사의 생각은 천방지축 붓 끝에서 채워지고 있었다.

맹 진사 딸인 갑분이를 따르는 이뿐이라는 종이 있었다. 자나깨나 아가씨만을 생각하며 수발하는 착한 몸종이었다. 어느 날, 지나가던 유생이 하룻밤 묵어가기를 원했다. 그 사람을 통해 신랑 될 사람이 다리가 불편하다는 것을 알게 되는데….

그 말을 듣고 맹 진사의 태도는 완전히 달라졌다. 명문가라고 좋아하더니 어떻게 그런 사람에게 내 딸을 시집보내겠느냐며 묘안을 찾는다. 집안 어른들이 모여서 의논을 하지만 처음에 선을 보지 않았던 것이 잘못이라 대책이 없다.

갑분이까지 울면서 한바탕 소란을 피운다. 이에 이뿐이가 진정眞情만 있으면 된다며 아씨를 달랜다. 이를 본 맹 진사가 계략을 꾸며 갑분이를 빼돌리고 이뿐이를 대신 시집 보내기로 한다.

이뿐이를 좋아하던 삼돌이라는 종이 있었는데, 갑분이를 시집보내면 삼돌이와 이뿐이도 짝을 맺어주겠다던 약속을 어긴 주인에게 불쾌감을 나타낸다.

신분이 낮긴해도 똑똑한 종 때문에 혼례식이 걱정된 맹 진사는 얼떨결에 이쁜이 대신 갑분이를 주겠다는 약속을 하며 달랜다.

시집가는 날 말을 타고 들어선 신랑은 소문과는 달리 훤칠한 미남자였다. 확인을 하고 또 해도 틀림 없이 잘생긴 호남이라 당혹스러움에 어찌할 줄 모른다. 뒤늦게 숨겨둔 갑분이를 데리러 가고 혼란스럽다. 하지만 신랑댁의 재촉으로 이쁜이와 혼례가 치러진다.

행랑방에서 초례를 맞은 이쁜이는 자신은 갑분 아가씨가 아니라며 사실을 밝힌다. 신랑은 자신이 꾸민 일이며 깨끗한 마음씨를 가진 이쁜이를 아내로 맞기 위해서였다고 했다.

극을 보고 나서 생각해 보니 현실을 보는 듯했다. 사리사욕에만 눈이 먼 인간의 내면을 들여다본 것처럼 부끄러워졌다. 사람의 욕망은 끝이 없다. 곳간 가득 재물이 있어도 마음에 차지 않고, 높은 권좌에 오르고도 만족하지 못한다. 어느 한 곳이 채워지면 또 다른 곳에 연연해 한다. 재물을 갖게 되면 명예를 얻고 싶고 권력까지도 함께 누리고 싶기 때문이다.

하지만 누구나 권력과 명예를 다 가질 수는 없다. 많은 사람들이 꿈꾸는 영광된 자리는 숨은 노력과 능력, 사회적인 평가가 따르는 법이다. 엄연한 규범과 법도가 있는 것이다. 그러기에 더욱 빛이 난다.

그런데도 어리석은 사람들은 재물로 모든 것을 가지려고 한다. 기존의 질서도 무너뜨리고 평생 이루어 놓은 성스러운 영역까지 돈으로 매수하고 재력이라는 권력 위에 사회적인 지위를 얻으려고 한다.

모든 것을 하루아침에 이룰 수 없듯이 재능과 자질은 타고난 것이다. 억지로 덮고 가린다고 온 세상을 가릴 수도 없다. 드러나는 것은 자신의 부족함이다. 내가 인정하고 남이 알게 되면 더 부끄럽지 않을까. 스스로를 옭아매어 구속하고, 자신 때문에 더 괴로워한다. 능력과 분수를 알면 이렇게 고통을 겪지 않을 것을 탐욕이 오히려 자신을 망치고 만다. 내 것도 아닌 것을 탐할 때 그것이 곧 고통이다. 가진 것 없어도 아무 탈 없이 마음이 편하다면 그것이 곧 복이다.

신분상승에 대한 허욕과 무능한 타성에 젖은 맹 진사의 추악상은 끝이 났다. 모든 것이 자신의 망발로 빚어진 파멸이었다.

막이 내리고 밖으로 나오니 어둠은 세상 모든 것을 덮고 있었다. 선善과 악惡도 잠들어 평온하게 보였다. 사람은 과연 무엇으로 사는가….

위로

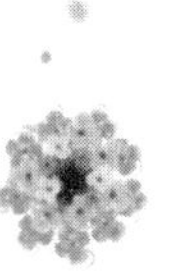

고통 때문에 잠들지 못하던, 그 밤은 참으로 길었다. 나는 심한 통증에 시달리며 밤을 꼬박 지새웠다. 응급실로 달려가고 싶었지만 마음뿐이었다. 가족 모두의 단잠을 깨울 것을 생각하니 그럴 수도 없었다. 얼른 날이 새었으면 하는 마음뿐이었다. 지친 마음 때문일까. 시간은 더디게 가고 참을 수 없는 통증은 이어졌다.

고통에 떠밀려 병원에 도착했다. 아직 진료가 시작되기에는 이른 시간이라 나와 몇 명의 환자뿐이었다. 기다리는 동안에도 통증은 극심했다.

한참 후였다. 여러 가지 검사를 거치고 나서야 비로소 "결석"이라는 진단이 내려졌다. 원인은 여러 가지였지만, 평소 건강관리에 소홀했던 자신의 탓이 아니었을까. 어서 빨리 이 고통에서 벗어나고 싶었다. 미세한 혈관을 타고 쉼 없이 계속되는 이 아픔을, 오죽하면 의학적 삼대 통증으로까지 불리어졌을까.

다행히 시간이 지나자 아픔은 차츰차츰 누그러졌다. 그렇게 심하던 고통이 거짓말처럼, 언제 내가 몸이 불편했던가 싶을 정도였다. 참 신기했다. 새삼 의술의 고마움도 느꼈고 건강이 얼마나 소중한가를 실감했다.

우리 몸의 질병은 앞서가는 의술로 인해 약물이나 간단한 수술로도 대부분 치료가 된다. 몸을 가누지 못할 만큼의 고통도 일순간 사라지지 않던가.

사실 문제는 늘 마음이다. 대부분 본인의 의지와는 상관없이, 가슴에 날아든 돌멩이 역시 또 하나의 "결석"을 만든다. 분명한 것은 마음도 외부의 충격에 상처를 받는 것이다. 그런데도 치유조차 하지 못하다 보니 하나, 둘 옹이만을 남긴 채 살아간다. 그러다가 어느 날 또 다른 상처와 만나게 되면 묵었던 감정들까지 날을 세운다. 그럴 때면 자신도 모르게 울적해지고 마음에는 그늘이 드리워졌다. 또한 자괴自愧감에 빠져 넉넉해야 할 삶이 피폐疲弊해지는 것을 느꼈다.

그러던 중 틱 낫한의 「화」라는 글을 만나게 되었다. “화”가 풀리면 인생도 풀린다고 했던, 마음속에 화의 씨앗을 키우지 말아야 된다는 구절이 마음에 닿았다.

화가 날 때는 징징거리며 우는 아이를 달래주어야 한다는 역설力說에 은근히 웃음도 났다. 자신에게도 얼르고 달래야 하는, 내 한 몸을 건사한다는 것도 쉽지만은 않는가 보다. 그런 줄도 모르고 그렇게 혹사만을 강요하다 보니 내 몸도 앙탈을 부렸나 보다. 그 결과 한 치도 안 되는 마음은 온몸을 감싸고 있는 신체를 닦달해 아픔을 전가하지 않았던가. 그 아픔이 그 아픔이라는 듯 온몸을 휘두르지 않았던가.

‘고통은 찻잔 속의 폭풍과도 같다. 찻잔 안을 들여다볼 때는 그 고통에 숨이 막힐 것 같지만 눈을 들어 찻잔을 보면 고통은 찻잔 안에서 일어나는 작은 소동에 지나지 않는다. 찻잔 그 자체는 그 어떤 것에도 영향을 받지 않고 그저 평화로울 뿐이다’.

얼마나 단순한 철학인가. 그렇게 생각하고 살아가는 얼굴에는 언제나 웃음이 떠나지 않는다는 진리를 마음에 새기며 책을 덮었다.

그러면서 문득 자신을 위한 작은 위로로 내 마음을 달래본다. 언제나 세월의 아픔들을 털어내지 못해 과거 속에 머물고 있던 자신이었다. 스스로를 틀 속에 가두어 두고 부대끼던 자신이었다. 이제 나를 괴롭히던 현실의 고통도 사라지지 않았던가. 나를 일으켜 세우는 것도 내 자신이다. 그 누구에게도 받아보지 못했던 인색했던 위로의 손길로 나를 어루만져 주어야겠다. 꼴찌인 내 자신에게 새삼 박수를 보낸다.

때로 우리들 삶은 깊이도 넓이도 가늠할 수 없을 정도로 방대해 모든 것을 잊게 한다. 그 무엇을 위해 숨 가쁘게 달려가다 보면 자칫 예사롭게 흘려버리는 부분도 없지 않다. 잠시 귀 언저리 맴돌다가 흘려버린 한 조각의 비늘 같은 것으로 느껴질지 모른다. 잠시 앓고 바라본 세상 동전의 양면 같다. 새삼 육신의 평온함이 축복으로 다가온다.

장보기

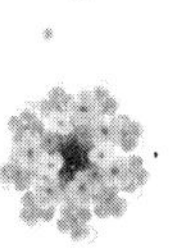

스피커에서 흘러나오는 노랫소리, 차들의 경적소리는 오늘이 장날임을 알려준다. 알록달록한 옷가지가 내걸려 있는가 하면 트럭에서 내린 무와 배추를 흥정하는 아주머니들, 따끈한 국물을 찾아 길가 포장마차를 찾는 사람들, 미처 차를 발견 못한 사람들의 우왕좌왕하는 움직임도 재미있다. 눈에 익은 약초가 발길을 잡고, 꽃을 파는 아주머니는 손님 끌기에 여념이 없다. 분홍색 꽃이 별처럼 곱다. 이름을 물었더니 각시부용이란다. 참 예쁘다. 나중에 사겠다고 하니 마수로 들여놓으란다. 거절하지 못하고 화초부터 샀다.

복잡한 골목으로 들어섰다. 젊은 사람들보다, 주로 연세 드신 어른들이다. 격 없는 인사를 나눈다. 보기만 해도 흐뭇하다. 사고파는 사람들의 연배가 비슷하다. 모퉁이를 돌아서니 어디선가 "펑"하는 소리가 귓전을 때린다. 순간 고소한 냄새가 코를 자극하고 부연 연기가 안개처럼 피어오른다. 튀밥 장수다. 요즘에는 온갖 잡곡에다 군밤까지 종류도 다양하다. 오가는 사람들이 하나 둘 모여든다. 누가 먼저랄 것도 없이 손을 내밀어 맛을 본다. 달콤하면서 고소함에 얼굴에는 잠시 미소가 피어오른다. 철없는 아이처럼 군밤 봉지를 손에 들고 이 골목 저 골목을 누빈다. 좁은 모퉁이 길을 따라 할머니들 앞에는 보퉁이들이 놓여 있다. 깔끔하게 손질해온 찹쌀 두어 되와 검은 콩을 샀다. 됫박에 정성스레 올려주시는 손길이 푸짐하다. 양손으로 감싸듯이 옮겨 담는데도 콩은 매끄럽게 빠져나간다. 잠시 멈추기를 기다렸다가, 흩어진 낱알을 줍는다. 애써 지은 농사라며 나의 꾸러미 속에 넣어 주셨다. 뭉툭하고 거친 손마디에 애잔한 마음이 든다.

적황색 당근도 모습을 보인다. 가게에 진열된 것처럼 매끈하진 못해도, 달다는 말에 금세 마음이 간다. 올 당근 농사가 시원찮다며 덤을 많이도 주셨다. 그저 얻어가는 것처럼 기분이 좋다. 자꾸만 시장바구니가 무거워진다. 내가 수확이라도

한 것처럼 흐뭇한 마음이다. 이번에는 알곡 옥수수도 한 되 샀다. 할머니들은 얼른 내 시선을 엿보다가 눈길이라도 마주치면 들여놓으라고 성화다. 양도 많고 작황이 좋다고, 걸음을 할 때마다 나의 눈치를 살핀다. 추운데 웅크리고 계시는 모습은 안쓰럽지만 어쩌겠는가. 내가 필요한 것은 조금 전에 이미 샀는 걸. 나의 호기심이 발동한다.

비닐 자루 속, 보이지 않는 저곳에는 또 무엇이 들어 있을까. 궁금한 마음에 골목마다 다니면서 탐색선을 벌인다. 아주머니들이 옹기종기 모여 있었다. 어머나! 시루를 통째 들어다 놓고 계셨다. 집에서 손수 쪄 오신 떡이 먹음직스럽게 보인다. 팥고물에 두툼하게 찐 호박시루떡이다. 떡집에 진열해둔 것처럼 모양새가 반듯하진 않아도 옛날 정취가 듬뿍 난다. 반가움에 받아드니 아직도 따끈하다.

소금물에 잘 삭여둔 깻잎이 차곡차곡 담겨 있다. 한 잎 한 잎 따서 짚으로 맨 정성에 할머니는 손길을 놓지 못하고 뒤적이신다. 허투루 보일까 봐 마음이 쓰였나 보다. 거칠고 앙상한 손등은 투박한 짚과 묘하게 조화를 이루었다. 정갈한 솜씨에 마음이 간다. 입맛이 되살아나는 듯 다가갔다. 직접 담그셨냐고 여쭈니 눈에 보이는 듯 말씀하신다. 산밭이라 종종 짐승들의 습격을 받는단다. 아예 농작물을 못쓰게 만들어서 들깨를 심으셨단다. 내 눈앞에는 농촌 풍경이 펼쳐지고 선한 그림 한 장이 그려진다. 꾸밈없이 말씀하시는 게 더 재미있다. 엿기름도 두 봉지 샀다. 잘 보관하라는 당부도 잊지 않으신다. 자식에게 건네주시는 듯 노파심에서다. 작은 비닐에는 무말랭이며 고추를 쪄서 말려둔 것도 있다. 그러기에 예부터 음식은 손끝에서 나온다고 했나 보다.

앞서 가던 남편이 걸음을 멈추었다. 모퉁이에는 농기구들이 자리를 잡고 있었다. 굳이 농사꾼이 아니라도 산천과 함께 살아감에 유용하게 쓰이는 도구들이다. 작은 괭이를 들어보기도 하고 꽃삽을 만지작거린다. 다른 할아버지들도 들여다보고 계셨다. 대장간 불꽃 속에서 달구었던 아픔이련가. 주물들이 시퍼런 멍처럼, 푸른색을 띠고 질서정연하다. 시골영감님은 굽은 허리를 꺾어 이것저것 가격을 묻고는 비싸다며 깎아 달라고 떼를 쓴다.

작은 바구니에는 강아지도 들어 있었다. 흰 바탕에 얼룩빼기다. 얼마 전 젖을 떼었을까. 아직 어린 것이 참 귀엽다. 세상모르게 서로 몸을 맞대고 곤하게 자고 있다. 그 옆에는 눈송이 같은 흰 토끼도 있고, 놀란 장닭이 벼슬을 세운다. 그 주위로 할머니들은 한가하게 담소를 나누고 있다. 데리고 나온 가축들은 뒷전인 채, 서로의 안부 챙기기에 여념이 없다. 투박한 말투지만 서로를 걱정해주는 애잔함이 넘친다.

사실 요즘은 장날의 개념이 없어지고 있다. 우리가 어렸을 적만 해도 장이 번성했다. 기억 저편의 장날 속에는 동동구리무 장수도 있었고, 나는 얼레빗 참빗에 눈길이 가던 소녀였다. 우시장에는 잘생긴 큰 소들이 자리를 잡았고, 어린 송아지의 가냘픈 울음이 있었다. 이날만큼은 어른들의 나들이가 엄연했다. 풀을 세운 베옷을 차려입고 삼삼오오 모여들었다. 장터 식당 가마솥에는 구수한 국밥이 끓고 있었고, 양은 막걸리 주전자는 허옇게 흘러넘쳤다. 어린 눈에 신기하게 보이던 것이 어디 한두 가지였을까. 어느새 아이는 자라 어른이 되었다. 무딘 삶 속에 중년으로 성큼 넘어선 것이다.

그런데도 아직 장날의 정서를 잊지 못한다. 인근 지역에 장이 서는 날이면 남편과 함께 집을 나선다. 딱히 필요한 것보다 오감을 동원하는 것에 마음이 앞서간다. 잊어버렸던 향수가 되살아나고 삶의 향기가 마음을 사로잡는다. 꾸밈이 없는 투박한 순수가 좋다. 이런 재미에 빠져 우리는 또 다음 장날을 기약하며 차에 오른다.

퍼즐놀이

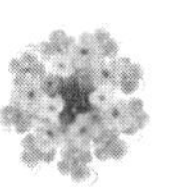

집안일로 여념이 없을 때였습니다. 언제나 정해진 공간에서 퍼즐처럼 흩어진 그것을 다시 끼워 맞추는 일은 일상적인 하루를 시작하는 의미였지요. 그때였습니다. 친구에게서 꽃구경을 가자는 전화가 왔습니다. 나 역시 기다렸다는 듯이 하던 일을 미뤄놓고 따라나섰습니다. 친구와 나는 시간만 나면 아이들처럼 함께 깔깔거립니다. 오늘도 우리는 철없는 아이들처럼 콧노래를 부르며 신이 났습니다. 어머나 벌써 봄이 왔더군요. 매화가 지천에 피어 있었습니다. 우리는 봄옷도 아닌 어중간한 옷을 입었는데 꽃은 계절을 말해주었습니다. 산야가 단어 그대로 파릇해지고 있었습니다. 여기저기 구름같이 피어 있는 매화도 색깔은 조금씩 달랐습니다. 살빛 같은가 하면 옅은 분홍빛의 매화도 눈이 부셨습니다. 살아 있는 나뭇가지에는 푸른 기운이 감돌았습니다. 차들의 행렬을 따라 드디어 꽃시장에 도착했습니다. 길가에 즐비하게 늘어서 있는 가게 입구에는 온갖 꽃들이 미리 마중을 나와 있었습니다. 친구와 둘이서 예쁘다를 연발하며 좋아했습니다. 이 가게 저 가게를 들락거리며 여러 가지 꽃들을 마음껏 구경했습니다. 주인의 취향에 따라 전시된 꽃들도 달랐습니다. 윤기가 나는 잎사귀에 아름다운 자태를 풍기는 고고한 난이며, 예쁜 꽃을 피운 고목도 있었습니다. 주로 야생화에 비중을 둔 곳이 있는가 하면, 조경에 관심이 많은 가게도 있었습니다. 아기자기한 작은 꽃이랑, 꼬마 난이랑 이름도 예쁜 산호수, 복수초도 샀습니다. 고가高價의 화분은 그냥 눈으로만 바라볼 수밖에요. 그러다가 그만 꽃집에서 해가 뉘엿거리는 저녁 무렵이 되었습니다.

우리들은 오랜만에 꽃들의 아름다움에 젖어 기분도 들떠 있었습니다. 서둘러서 돌아오는 길에 우연히 누군가를 만나게 되었습니다. 전혀 생각지도 않은 곳이었습니다. 당연히 남자였습니다. 그리고 이게 무슨 인연입니까. 친구와 나, 그 사람, 모두가 구면이었습니다. 뒤늦게 알게 되었지만 몇 년 사이에 친구처럼 외로움을 갖고 있었습니다. 두 사람은 어느새 그들만의 퍼즐을 맞춰보았대요. 나의 노파심 역시 그 사람과 친구를 객관적으로 바라보았습니다. 친구는 예쁘고 정이 많은 천상 여자입니다. 솜씨도 좋고 어느 한 곳 나무랄 곳이 없지요. 그분 역시 야생화처럼 순수하고 소박했습니다. 서로가 처녀총각 시절이었으면 아마 문제는 간단할 것 같았습니다. 서로의 모습만 보아도 마음이 끌렸을 테니까요.

하지만 무심한 세월이 흘러 많은 역사를 만들었거든요. 출발부터 살아온 환경이나 생활의 면면 자신을 버티게 해 준 울타리 같은 가족관계 역시 만만찮았습니다. 서로의 산들은 참 높아보였습니다. 나머지 반쪽을 다시 찾는다는 게 쉽지 않게 보였습니다. 어느 쪽이든 너무 솔직해도 상대방은 부담스럽다고 했지요. 요즘 다 하는 유행어로 애인 같은 사이라면 또 모르겠지만, 머쓱해하며 돌아오는 길에 나는 모처럼 행복하다는 생각을 했습니다. 솔직하게 남편이 고맙지 뭡니까. 이 부족한 사람과 함께 하는 것만 해도 감사하다고 느꼈습니다.

부부가 함께 살아가노라면 장점보다는 단점만 눈에 보이나 봐요. 그것도 보듬어주고 이해하고 넘어가야 하는데 그게 생각처럼 쉽지 않거든요. 그럴 땐 영락없이 철없는 아이 같아요. 다들 그렇게 살아간다면 우리 부부 역시 보통 정도는 될까 모르겠어요. 그랬는데 오늘 그 상황을 보니 모든 게 참 다행이었어요.

작은 꽃 한 송이, 풀 한 포기까지 무명씨는 없더라고요. 꽃집 주인은 바쁜 와중에도 꽃의 이름을 묻는 우리들에게 일일이 답해주었지요. 이 우주 삼라만상에 이름을 부여받았을 때는 분명 뭔가 해야 할 일도 있지 않을까요. 꽃을 피워서 아름다움을 가득 느끼게 하는 명命 말입니다. 사람에게도 인연이 있어 만나게 되었다면 꽃이나 식물처럼 그렇지 않을까요. 서로에게 기쁨을 주고 기댈 수 있는 넉넉함 말입니다. 세상일이 내 수중만큼의 꽃을 고르듯이, 그래서 부족한 부분만큼만 채워줄 수 있다면 얼마나 좋을까요.

두 마음은 알 수 없지만, 떨어져나간 그림을 맞추기란 쉽지 않을 것 같았습니다. 구겨지고 찢겨나간 부분까지요. 퍼즐이 생각났습니다. 밑그림을 보며 온 방안에 늘어놓고 열심히 제자리를 찾아 끼우던 모습 말입니다. 진지하게 칸을 메워나가면 어느새 한 장의 완벽한 그림이 완성되었던 순간입니다. 들여다보고 맞추기만 하면 되었거든요. 하지만 지금은 예전의 그림이 될 수가 없습니다. 부분 부분들이 어디론가 사라져버렸어요. 영원히 찾을 수 없는 미완의 그림이 되어 버렸죠.

내일 모레 빈 지갑을 채워서 또 꽃시장에 가려고 합니다.

오늘 눈맞춤 해둔 게 있거든요. 아마 그 분盆 역시 나를 기다리고 있을 것 같네요.

나이

아기가 엄마 품에서 놀고 있다. 너무 예쁘고 귀여워 몇 살이냐고 물었다. 앙증스러운 손가락을 펴보이는 아기도 나이를 아는 것 같았다. 우리는 태어나는 그 순간부터 나이를 부여받는다. 밝혀지는 게 싫지만 주민등록번호라는 미명 아래 꼼짝없이 기록을 한다. 시작되는 숫자가 태어난 연도니 감추거나 숨길 수도 없다. 가끔씩 나이를 올려서 말하기도 하지만 젊은 패기다. 오히려 대부분의 사람들은 나이가 들어 보인다는 사실에 부담스럽고 속상해한다. 그러면서 짓궂게 남의 나이는 궁금하고 자신은 숨기고 싶어한다. 행여 나이를 밝히면 늙었다고 하

지나 않을까 해서다. 셰익스피어의 시 한 구절이 생각난다.

아! 사랑의 최상에 처신은 믿는 체하는 데 있고
늙어서 사랑하는 사람은 나이가 밝혀지길 싫어하도다.
그러므로 나는 그녀에게 그녀는 나에게 거짓말하고
결점을 거짓말로 감추고 서로 치켜 주도다.

지난번 어느 자리에서였다. 연세가 많은 분이 연한 색 옷을 입으셨다. 오늘 고우시다고 말씀드렸더니 나이 들어 보이지 않느냐고 하신다. 그 중에서는 제일 연세가 많은데도 젊어 보인다고 했더니 금세 얼굴이 환해지셨다. 사람들은 언제나 예쁘고 곱게만 보이고 싶은가 보다. 나 역시 때로는 인사치레하는 말에 속기도 하지만 알면서도 어쩔 수 없다. 삼십대에 내 나이를 두고 참 좋은 나이라고 했는데 세월이 어느새 가버렸다. 그 당시에는 몰랐지만 지금 생각하니 충분히 이해가 된다. 세상 이치에 조금 어두워도 미래라는 시간적 여유가 있기 때문이 아니었을까. 하지만 세월이 흘러 한 살 한 살 나이를 더 하게 되니 그것이 두렵다. 거울을 보면 주름살이며 흰머리까지 신경이 쓰인다. 나이가 들었다는 의미이다. 어떻게 하면 한 살이라도 젊게 보일 수 있을까 하는 것은 이미 절규에 가깝다. 머리 모양이나 옷차림새로 도전을 한다. 늙어 보인다는 것이 어쩌면 위기일 수도 있다고 느껴지기 때문이다. 인생의 연륜이나 경험보다도 나이로 차별되고 소외되지나 않을까 염려된다.

늙지 않는 사람은 없는데 이제야 무거운 책임감을 느낀다. 내 나이 지천명에 이르니 부담이 느껴진다. 애초에 채울 수 없었지만 기대하고 가질 수 없는 것을 움켜쥐려 했을까. 허무감마저 들었다. 그랬는데 며칠 전 재미있는 기사를 읽었다.

중년은 결코 쇠퇴기도 아니며 그렇다고 노년이 몰락하는 시기도 아니다. 오히려 기적적 변화에 대한 환상을 깨고 차분한 자기성찰을 하는 시기다. 사람이 평생 동안 가장 행복한 나이는 놀랍게도 황혼기에 접어든 고희를 한참 넘긴 75세라는 연구결과다. 오히려 경륜이라는 지혜가 가장 왕성한 때다. 또한 다가오는 죽음에 대한 철학이 확고히 서 있을 때다. 영국의 일간지는 이때의 나이는 사회적 책임감이나 경제력에 대한 부담감이 덜하고 이전 삶에서 맛보지 못했던 자기만족으로 삶에 대해 고마움을 느끼고 감성적으로 변한다고 전했다.

그래서일까. 연세가 드신 분들을 만나면 저절로 머리가 숙여진다. 얼굴에 쓰여진 세월 속에는 즐겁고 기쁜 일만 겪었을까. 굽이마다 나름대로의 애환이 서려 있어 연민의 정도 느껴진다. 아픔이나 분노도 삭혀 편안함이다. 느긋하게 인생을 관조하는 모습에서 조급함은 찾아볼 수 없다. 살아오면서 세상 이치를 모두 통달한 게 아닐까.

그런데도 나는 세월 앞에 주눅이 들었다. 하지만 이제는 준비단계로 들어서야겠다. 욕심을 버린다면 크게 잃을 것도 없다. 채우는 것보다 비우는 것으로 바꾸어야겠다. 저녁노을이 더 아름다운 것도 버리고 떠나는 것과 같은 이치가 아닐까.

나도 한마디

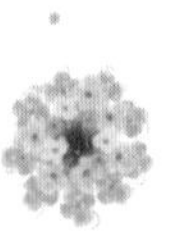

눈이 내려 온 세상이 하얗습니다. 너무 좋아 넓은 마당을 마음껏 달려 봅니다. 아무도 밟지 않은 눈 위에는 오직 내 발자국뿐입니다. 뒤를 돌아다보니 부끄러워집니다. 뛰던 발걸음을 멈추고 그 자리에 섰습니다. 눈이 많이 오는 탓인지 세상이 조용합니다. 시끄럽게 다니던 차의 경적소리도 사람들도 역시 꼼짝을 하지 않습니다. 너무 조용해서 꿈을 꾸고 있는 것 같습니다.

마치 다른 곳에서 새로 태어난 것 같은 착각에 이야기를 하고 싶습니다. 할 얘기가 많았거든요. 그래서 허공에다 멍멍하고 소리쳐 봅니다. 많은 사람들이 들을 수 있게요. 내 목소리

가 너무 시끄러웠던지 집안에서는 문소리가 났습니다. 하지만 방문객이 없음을 알아차리고 이내 조용합니다. 그렇지만 신이 났습니다. 우리들은 여러 동물 중에서도 사람과 친밀한 관계에 있습니다. 유구한 역사와 함께 살아온 거지요. 그런 우리를 보고 아무런 일도 하지 않는다고 합니다. 하지만 그냥 지내는 것은 아닙니다. 하루 종일 집을 지켜야 합니다. 밤낮이 없지요. 우리의 능력은 인간을 능가합니다. 그러면서 충실한 애정을 표현하면서 살아갑니다. 사람을 따르며 주인을 모시는 일에는 목숨까지 바칠 각오가 되어 있습니다. 그래서인지 많은 사랑을 받고 있습니다. 호텔급 집에서 호의호식은 물론입니다. 사람들 품에 안겨 미용서비스에 마사지까지 이루 말할 수 없습니다. 어떤 친구는 예쁜 리본을 꽂고 값비싼 외제용품에 걸어다니지도 않는답니다. 하지만 동물이 잘 먹고 호강을 누린다는 것은 인간의 기준으로 좋아보일 뿐입니다. 대접받는 것은 좋은데 그 반대입니다. 예민해야할 야성이 퇴화된다는 것입니다. 상실한 분량만큼 손실이고, 불행입니다. 우렁차게 짖지 못하는 것은 우리를 슬프게 합니다. 과잉보호는 전혀 즐겁지가 않습니다. 본능과 함께 잠재되어 있는 기질의 불편함은 안중에도 없나 봅니다.

만물의 영장이라는 인간은 언제나 자기 자신밖에 모릅니다. 모든 잣대를 자기 기준에 맞추며 이기심에 꽉 차 있지요. 타성에 젖어 남보다 자신이 먼저입니다. 상대방에게 관심을 가지는 것처럼 보여도 그게 아니지요. 자신과의 이해관계가 먼저지요. 참 이왕 말이 나왔으니 말인데 사람들은 너와 나 말고는 타인들에게 너무 무관심합니다. 그것이 때로는 자신의 일일수도 있다는 것을 깨닫지 못합니다. 우리는 조금이라도 궁금한 것은 견딜 수가 없습니다. 귀를 세우며 경계를 하고 의혹이 풀릴 때까지 짖습니다. 그렇게 해야만 진실이 가려지거든요.

사람들은 서로를 믿지 못하면서 함께 살아갑니다. 그러기에 우리들은 경호의 특권까지 부여받았답니다. 누구보다도 우리를 의지하지요. 그런데도 분위기가 좋지 않을 때는 대놓고 성토를 합니다. 자신들이 저질러 놓은 일에 꼭 억울한 누명만 쓰게 됩니다. 전혀 관여한 적도 없는데 말입니다. 어처구니가 없어 개가 웃을 일입니다. 우리는 은혜를 저버리거나 배신하지는 않습니다. 주인을 향한 마음에는 변함이 없습니다.

길에는 떠돌이 친구들이 많이 있습니다. 넘쳤던 사랑은 이제 관심조차 없습니다. 문은 굳게 잠기고 마음은 어디론가 떠나버린 것 같습니다. 지나치면 결국 모자람보다 못하다는 말이 실감납니다.

이제 눈은 그쳤습니다. 눈 위에는 뚜렷한 내 발자국입니다. 여기저기 찍혀 있는 네 개의 발자국. 똑바른 것보다 삐뚤거리며 걸었던 흔적이 더 많습니다. 뒤늦게 가릴 수도 없는 부끄러운 족적은 눈이 녹아야 지워지겠지요. 그럴 줄 알았더라면 조신하게 행동해야 했습니다. 누구나 그렇지 않을까요. 자신이 걸어간 길은 눈 위에 난 형적形迹처럼요. 하얀 눈처럼 사람들의 마음도 깨끗했으면 하는 바람입니다. 오랜만에 일탈을 하고 개소리를 했습니다. 내 본분을 지키기 위해 충직하게 살겠습니다.

주홍글씨

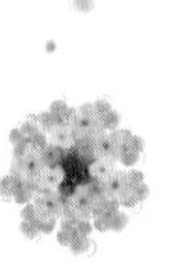

방송에서 강아지를 키우는 아주머니가 소개되었다. 흔히 주택가 대문 곁에서 기르는 한두 마리 정도가 아니었다. 사연이 남달랐다. 사람들이 키우다가 내버린 개들만 데려다 돌보고 있었다. 떠돌이 개 몇 마리가 엄청나게 불어났다. 자신의 집은 온통 개들로 넘쳐나, 다른 장소에까지 보금자리를 마련해 주어야 했다. 발견된 곳이 그들의 이름이 되었지만, 일일이 기억을 다했다. 그때였다. 얼핏 눈에 익은 모습이 들어왔다. 설마 하면서도 내가 내친 강아지와 똑같은 모습에 깜짝 놀랐다.

몇 년 전이었다. 우리 집에는 "쫑"이라는 개가 있었다. 어릴 때는 참 앙증맞았다. 순한 눈빛과 귀여운 몸짓도 한몫했다. 자라면서 어느새 한 식구처럼 정이 들었다. 가족 모두를 따르며 애정을 표현했다. 작은 인기척에도 우렁찬 소리로 짖어댔다. 경호와 방범은 걱정이 없었다. 그의 재롱에 푹 빠져 있을 때, 어느새 성견이 되었다.

어느 날이었다. 마을 스피커에서 광견병 무료예방접종 안내 방송이 흘러나왔다. 그러지 않아도 마음을 먹고 있었던 터라, 개를 데리고 가축병원으로 향했다. 집안에만 있던 개가 밖으로 나오니 신이 나 있었다. 자꾸만 달려가고 싶은 모양이었다. 병원에 도착했을 때, 하필이면 수의사獸醫師는 출장 중이었다. 금방 접종을 할 줄 알았는데, 기다리기가 참 힘들었다. 개는 잔뜩 예민해져 긴장의 끈을 놓지 못하고 있었다. 나는 팽팽해진 개줄을 잡고 있는데도 신경이 쓰였다. 언제 돌아올지도 모를 수의사를 기다릴 수가 없어 발길을 돌렸다. 내일 다시 오겠다는 생각은 그때 잠시였다. 다음날이 되자 내일이 모레로 그러면서 예방접종은 차일피일 미뤄지고 있었다. 며칠이 훌쩍 지나가 버렸다. 어느 날이었다. 줄에 매여 있던 개가 흔적도 없이 사라졌다. 한순간이었다. 이어서 이웃집 아주머니가 들이닥쳤다. 그 사이 뛰쳐나간 개가 자신의 아이에게 상처를 입혔단다. 얼마나 놀랐을까. 우는 아이를 병원으로 데려갔더니 광견병을 의심했다. 큰일이었다. 상태를 확인할 수 있는 방법은 혈청검사였다. 모든 잘못은 우리에게 있었다. 그때 방심했던 것이 이렇게 후회막급이 될 줄이야. 내 집에서 키우는 동물로 인해 이웃에게 피해를 주어 정말 미안했다. 아이 엄마는 집으로 찾아와서 매일이다시피 속상하다며 울먹였다. 아이 엄마를 안심시키는 일이 급선무였다. 나 역시 마음이 편할 리 없었다. 갑자기 모든 일이 뒤죽박죽되었다. 매일이다시피 아이가 있는 병원으로 쫓아다니기에도 바빴다. 병원에서는 가해자가 짐승이라며 의료보험조차 적용시키지 않았다. 치료비도 만만찮았다. 짜증도 나고 자신도 모르게 원망의 목소리가 흘러나왔다. 사람의 마음이란 참 옹졸했다. 예쁠 때는 전혀 생각지도 못할 일이었다.

혈청검사는 일주일 동안 계속되었다. 하루 일과처럼 개와 함께 가축병원을 다녔다. 신기한 것은 개도 미안함을 느끼는 것 같았다. 짐승이 싫어하거나 떼를 쓰면 억지로 끌고다니기가 쉽지 않은데, 까다롭게 굴지도 않고 나를 믿고 앞장을 섰다. 지친 마음은 역시 매한가지다. 개 역시, 면목도 서지 않고 시달리는 것이 둘 다 똑같을 게다. 먹이를 주어도 입맛을 잃었는지 잘 먹지 않는다. 한참을 걷다 보니 앞서가는 개의 몰골이 말이 아니다. 늠름했던 기골은 어디로 가고 야윈 모습은 측은

했다. 뱃가죽이며 네 다리는 바짝 말라 볼썽사나웠다. 뼈만 붙은 다리로 휘청거릴 때는 쓰러질 것처럼 위태롭게 보였다. 매일 받는 검사 때문에 스트레스를 받는 것이 분명했다. 제대로 먹지도 못하면서 끌려다니는 모습이 너무나 안타까웠다. 그러던 중 검사 결과가 나왔다. 하루하루를 얼마나 마음 졸였는지 모른다. 다행히 광견병을 의심할 만한 병원균은 발견되지 않았다. 걱정하던 마음에서 벗어나니 모든 것이 시들해졌다. 이제 슬그머니 귀찮게 여겨지기까지 했다. 끼니때가 되면 부담도 되었다. 개가 좋아하는 것을 얻어다 먹이는 것도 이제는 성가셨다. 먹다가 남긴 밥그릇을 씻는 것도 고역이었다. 게다가 이웃과의 관계도 예전 같지 않았다. 또 다시 그런 일에

휘말리고 싶지 않았다. 생각지도 못할 병원비와, 위로금보다는 마음의 상처가 더 깊었다. 불편한 속내를 눈치라도 챈 것일까. 개는 나에게 예전처럼 살갑게 다가오며 상처는 잊은 것 같았다. 이제 고생은 끝나고 편안해지는 듯했다. 배도 조금 나오고 옛 모습을 되찾았다. 하지만 그게 아니었다. 그동안 새끼를 밴 줄은. 전혀 생각지도 못한 일이었다. 사람이나 짐승이나 어미가 되면 보호본능이 생긴다고 했던가. 그런 까닭에 예민해졌다는 것을 뒤늦게야 알게 되었다. 두어 달이 지났을까. 개가 고물고물한 새끼 몇 마리를 낳았다. 짐승이라고 왜 산고가 없었을까. 참 못할 짓을 많이 했다. 미안하고 안타까운 마음이 들었다. 주인을 잘못 만난 탓이었다. 건사도 못하면서 고생만 시킨 것이다. 젖을 떼고 나면 개를 내보내기로 했다. 그것이 개를 위한 최선책이며 나의 자존심을 회복하는 것인 양 착각을 했다. 어느 날 집 부근에서 "개 삽니다."라는 스피커 소리가 들려왔다. 슬리퍼를 끌며 대문을 열고 쫓아나갔다. 개장수 아저씨는 능글맞은 웃음을 띠며, 형편없는 값으로 계산을 치렀다. 어미 개와 새끼까지 한 달 사료 값도 되지 않았다. 슬픈 눈으로 바라보던 개가 끌려가지 않으려고 안간힘을 썼다. 차마 바라볼 수가 없었다. 한동안 낑낑대더니 주위가 조용해졌다. 빈집과 그릇에 남은 밥이며, 나를 믿고 꼬리치던 그 모습까지. 떠나보내고 나서 한동안 괴로웠다. 그리고 세월이 흘렀다.

방송에서 본 그 아주머니는 이득을 바라지 않았다. 내가 준 것만큼 다가오고 베푼 것만큼 즐거움과 기쁨을 준단다. 그러기에 삶의 낙樂이라고 했다. 자신의 끼니는 서서 몇 술 떠먹었지만, 개들에게 쏟는 정성은 헌신적이었다. 삼백 마리가 넘는 개들의 먹거리가 예사롭지 않았다. 사료만 해도 엄청난 양이었지만, 그것으로는 부족한 것 같았다. 수거해온 음식물까지 밤을 새워가면서 마련했다. 그것뿐이 아니었다. 다른 사람들이 돌보다가 명을 다한 그들의 주검까지도 거두어 주었다. 마치 자신의 잘못인 양 안타깝게 생각했다. 그 모습이 더욱 인상에 남았다.

방송을 접한 후 그렇게 부끄러울 수가 없었다. 짐승 한 마리도 긴시할 줄 모르는 한심함에. 좌충우돌 살아가는 모습을 들켜버렸다. 나의 부주의로 인해 상처를 받은 강아지들한테 참 미안한 마음이 들었다. 명백한 죄인이었다. 한가족처럼 자신을 지켜주던 동물의 진성성을 배반하고 유기한 죄목이었다.

금목서

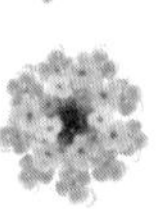

향긋한 꽃내음이 났다. 요즘 들어 부쩍 자란 금목서가 꽃을 피웠다. 앙증스럽게 작은 꽃이 향기로워 뜰에 나섰다. 총총히 박혀 있는 꽃잎이 아무리 보아도 예쁘다. 잔잔한 별사탕 같다. 이리저리 둘러보니 키 큰 종려나무가 팔을 뻗어 손짓하는 곳에, 때늦은 장미가 수줍게 웃는다. 꽃송이가 유난히 붉다. 작은 뜰에는 치자나무와 목련, 천리향 등이 자라고 있다. 좁은 곳에서도 여러 종류의 나무가 자라나는 것을 볼 때면 흐뭇하다. 가을꽃 중에서 가장 향기가 진한 금목서는 단연 향기가 돋보인다. 꽃도 주황색에 가까운 노랑꽃이라 이름도 금목서란다. 목

서木犀는 물푸레나무의 한자어다. 가지를 꺾어 물에 담그면 물이 푸르게 변한다고 해서 붙여진 이름이란다. 물감을 매달고 있을까. 생각만 해도 즐겁다. 한참 개화기를 맞은 꽃이 사방에 퍼져나간다. 어느새 향기가 되어 바람을 타고 담을 넘는다.

봄날에 연둣빛 새순이 돋아나면, 무한한 힘이 솟는 것 같았다. 조금씩 움이 트다가 잎이 나고 어느 틈에 무성해지면 숲을 이루듯, 새로운 의욕이 생긴다. 어디서 날아왔을까. 예쁜 새 한 마리가 포르릉 날아들었다. 맑고 고운 새소리에 마음까지 상쾌해진다. 하나 둘 심었던 묘목들이 사라는 모습도 뿌듯하지만, 꽃을 피우면 마음이 그렇게 즐거울 수가 없다. 나무들은 말없이 자연의 순리를 따른다. 거센 바람, 찌는 듯한 더위, 차가운 눈보라에도 묵묵히 새잎을 내고 조용히 꽃을 피운다.

우리의 삶도 나무처럼 순수함으로만 살아갈 수 있을까? 스스로의 행복과 이해利害관계보다 오로지 남에게 희생하며 베푸는 일이다. 말처럼 쉬운 일도 아니고 실천하는 것은 더 어렵다. 그것은 부모가 자식에게만 향하는 사랑뿐이다. 또 그것에 길들여져 있는 것이 우리의 모습이다.

하지만 그것보다 자기를 희생하여 남을 이롭게 하는 사랑이 나를 더 강하게 움직였다. 각박한 세상을 따뜻함으로 감싸안았던 데레사 수녀. 깊게 패인 주름살은 세월을 말해주었지만, 따뜻한 미소가 아름다워 가슴에 남았다. 종교를 초월해 전 세계인이 그녀의 건강을 기원했다고 할 만큼 주목을 받았다. 얼만큼 사랑을 베풀었기에 보이지 않는 마음을 움직였을까. 평생 동안 어둡고 힘든 고난 속에서, 자신의 육신이 남을 위해 쓰여지는 것을 원했다고 한다. 재산이래야 입고 있던 수녀복뿐이었지만, 자기 몸을 던져 아름다운 일만 하다가 우리 곁을 떠난, 영원한 성녀였다. 그 모습이 금목서를 닮았다. 나무처럼 한 곳에 뿌리를 내렸지만 잔잔한 향기는 온 지구를 향해 풍겨왔다. 자기를 희생하며 끝없이 베풀기만 했던 삶이 인류를 위한 일이었기에, 더욱 감동을 주었다.

가끔씩 등산을 하다 보면 험준한 비탈길이 있고, 옆에는 꼭 한두 그루의 나무가 외롭게 서 있다. 오가는 사람들의 손으로 반질반질하게 윤이 나 있는 그곳 발밑은 천길 낭떠러지. 자칫 발을 헛디디면 위험한 그곳에. 그것을 알기라도 하듯 단단한 몸을 내어주고 그 자리에 서 있다. 뿌리를 내린 나무마다 깊은 뜻을 지닌 것을 보면 숙연해진다. 다시금 의미를 되새겨본다. 인간에게 최선을 다하는 것이 덕을 베푸는 사랑으로 느껴진다. 봄이면 희망의 빛을, 여름이면 짙은 푸르름을 안겨준다. 꿈이 영글고 사랑이 충만해지면 서서히 겨울을 준비한다.

그것을 보며 생각에 빠져든다. 어떻게 나무의 생태를 따를 수 있겠는가. 우리들은 겨울을 나기 위해 몇 겹의 옷을 껴입고도 온몸을 감싼다. 두텁게 감싼 차림새로도 추위를 이겨내지 못해 발길을 재촉한다. 세차게 불어오는 바람에 내달리며 거리에 서 있는 가로수를 바라보았다. 나무는 겨울을 보내기 위해 모든 것을 벗어버리고도 의연했다. 매끈한 속살을 하얗게 드러내고 잎까지 떨구며 서 있었다. 그것을 보며 새삼 우리들이 얼마나 미미한 존재인지 느껴졌다.

어쩔 수 없이 그냥 나이만 늘어간다는 것이 부끄럽다. 마음의 평정平靜을 잃기라도 하면 아낌없이 주는 나무의 의미를 되새겨야겠다. 향기는 마음 깊숙한 곳까지 스며들었다.

봉정암

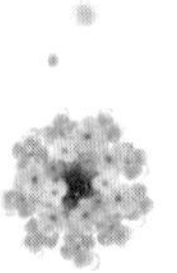

무박 삼일의 대장정에 따라나섰다. 목적지는 강원도에 자리한 봉정암이다. 한 번쯤 가보고 싶었는데 운 좋게도 한 자리를 얻어 탔다. 여느 때 같으면 저녁을 먹고 담소를 즐길 시간이다. 주위는 장막 속에 숨었을까. 동네를 분간하기조차 힘들다. 아무리 둘러봐도 숲은 잠이 들었다. 불빛은 졸음에 지쳐 무표정하다.

차는 모든 것을 뒤로하고 강원도로 향한다. 나를 지배하던 번민의 일상도 접었다. 처음에는 들뜬 분위기였는데 이내 하나둘씩 눈을 감고 휴식에 들어갔다. 자다가 깨다가를 반복하다 보니 다 왔나 보다. 이제 곧 등산이 시작된단다. 열어젖힌

문으로 소슬바람이 차다. 도대체 어딘지 분간할 수가 없다. 부산함에 눈을 뜨니 캄캄하고 낯선 곳이다. 우리들을 내려놓고 차는 떠났다. 백담사를 거쳐 오른단다. 반쯤 졸린 눈으로 일행들의 뒤를 따랐다. 잠에서 깨어나지 못한 발걸음으로 꿈길을 걷는다. 왁자지껄하던 소리도 옅어만 갔다. 희미하게 드러나는 길을 따라 빨려들듯, 끝없는 길을 걸으며 봉정암을 부른다. 어둠은 서서히 물러나고 동이 트는 아침이다. 산속의 고즈넉함에 빠져 있는데 누군가 부스럭거린다. 내놓는 것은 주먹밥이었다. 아! 아침인가 보다.

깊은 산속으로 들어섰다. 역시 아름다운 비경은 숨어 있었다. 산꼭대기에서 내려오는 시원한 물줄기. 큰 함지박에 담긴 듯 맑디맑은 물, 깊은 숲 속에 고운 햇살, 상큼한 바람, 작은 암자에서 들려오는 풍경소리, 신선이 따로 없었다. 마치 다른 세상에 온 것 같았다. 눈에 들어오는 것마다 신비롭다. 산의 미묘함에 매료된다. 걷는 것보다 딴전이다. 나의 눈길은 온통 산속을 헤맨다. 어느 한 곳도 놓치지 않으려는 듯 열성이다. 같은 하늘 아래에 피어나는 꽃도 달랐다. 하얀 꽃이 바람개비를 닮았다.

얼마나 걸었을까. 이렇게 긴 산행은 처음이었다. 아무래도 놀란 근육이 토라진 모양이었다. 다리가 천근만근이다. 자신이 생각해도 걸음새가 우스꽝스러웠다. 마지못해 떼를 쓰며 따라가는 아이 걸음이었다. 하지만 봉정암의 위엄은 쉬 드러나지 않았다. 아직도 먼 곳에 있다. 거친 숨을 몰아쉬며 한 발 한 발을 내딛는다. 발길이 그 자리에 꼼짝없이 머물고 있었을까. 새로운 길은 얼른 드러나지 않았다. 걷는 다리보다 겁 많은 눈이 먼저 걱정을 한다. 어떻게 오를 거냐고. 물줄기처럼 산을 휘돌아 들었더니 눈앞에 그 웅장한 자태가 모습을 드러냈다.

우리는 꼴찌였지만, 드디어 봉정암에 들어섰다. 어느새 그 곳에는 사람들로 인산인해였다. 그렇게 많은 사람들이 찾아오리라곤 생각지도 못했다. 경내는 사람들로 넘쳐났다. 높고 수려한 이곳에 들어서니 처져있던 마음이 다소 생기를 되찾았다. 계단을 따라 석가모니 부처님의 진신사리를 봉안한 전각에 참배했다. 잔뜩 기대했던 점심공양은 이미 끝나 있었다. 대중공양이다 보니 주어진 시간이 지났나 보다. 아껴 두었던 주먹밥을 꺼내들었다. 평소에 먹던 양보다 턱없이 부족한 탓이었을까. 종이에 둘둘 말아두었던 것이 그야말로 꿀맛 같았다. 먹고 난 주변을 정리하다 보니 쓰레기가 거치적거렸다.

경내를 돌아보니 가까운 곳에 있는 쓰레기통이 눈에 들어왔다. 팻말에는 "마음의 쓰레기는 이곳에 두고 생활쓰레기는 가져가라."는 문구가 있었다. 그것은 나를 위한 화두가 분명했다. 왜 나는 이 높은 설악의 줄기를 거쳐 이곳으로 왔는가. 분명 자신을 향한 소리였다. 오르는 굽이마다 차오르던 숨결에는 아직도 버리지 못한 탐욕이 있었던가. 그 욕망에 빠져 힘에 부쳐 휘청거렸던 발길도 부끄러웠다. 이런 내 맘을 알기라도 했나 보다. 거듭 내 안의 온갖 잡다한 것을 버리라는 다그침이었다. 과연 나는 허황된 집착을 내려놓을 수 있을까.

어느새 저녁공양 시간이다. 천 명이 족히 넘는 인파가 줄을 서 있다. 줄다리기할 것도 아니고 아무리 봐도 가관이다. 원을 이리저리 만들며 끼니를 해결하려는 본능이 눈물겹다. 새치기를 했다고 언쟁을 하는 곳도 있었다. 한참 동안 앞사람들의 움직임에 따라 걸음을 옮겼다. 한 발 한 발 움직이다 보니 드디어 멈춰선 곳은 식당 앞이었다. 이 시간을 얼마나 기다렸던가. 자꾸만 남의 밥그릇에 시선이 가는 것은 나 역시 어쩔 수 없었다. 군침을 삼키며 얼른 숟가락을 챙겨들었다. 나에게도 드디어 밥그릇이 주어졌다. 미역국밥에 오이무침을 고명처럼 얹어 주었다. 밥과 국, 찬이 한 그릇에 들어 있었다. 고마움에 얼른 받아들었다. 비로소 여유가 생겼다. 한 끼의 식사가 이렇게 소중한 줄을. 많은 사람들의 얼굴에도 어느새 평온함과 넉넉함이 찾아들었다. 앉을 곳이 없어 서서 먹었지만 맛은 일품이었다. 둥둥 떠다니는 오이도 아삭거리며 싱싱한 맛을 더했다.

오늘처럼 모든 사람들이 밥그릇 앞에서 평등하다는 생각을 해본 적이 없다. 산속 깊은 곳, 부처님의 도량에서 문득 '산에서는 빈부와 귀천이 평등하게 만난다.' 는 산山 철학이 생각났다. 귀천貴賤을 따지지 않고 똑같은 마음가짐으로 공손하게 두 손 받쳐 식사하는 모습에서는 세상의 오욕도 보이지 않았다.

저녁예불 시간이 되었다. 전국에서 몰려든 불자들의 열기는 후끈했다. 법당 안은 많은 사람들로, 절을 할 수 있는 공간조차 없었다. 조금만 틈을 보이면 이내 다른 사람들이 밀치고 들어섰다. 마치 철없는 아이처럼 엉덩이를 밀고 당기는 자리다툼이 이어졌다. 회주 스님은 방금 소나무 가지에서 내려선 학처럼 고고孤高하셨다. 법문 역시 맑은 시어詩語처럼 철학과 사상이 배여 있었다. 귀한 진언眞言들이었다. 밤 공기는 몹시 차가웠다. 모든 사람들이 앉은 채로 다음날을 기다리고 있었다.

새벽 세 시다. 이제 하산을 서둘러야 했기에 소청봉으로 향했다. 세상은 온통 칠흑 같은 검은색으로 칠해져 있었다. 그 어둠을 따라 걷는 것은 무리였다. 밤눈까지 어두운 나에게는 큰일이었다. 짐을 꾸리면서 휴대용 전등을 빼먹은 것은 큰 실수였다. 할 수 없이 남의 불빛을 따라 산을 내려선다. 그 무리를 놓치면 한 치 앞도 보이지 않는다. 잠깐 불빛이 거두어질 때 지척을 분간 못해 몸에 중심을 잃었다. 내리막길은 가파르

게 패여 있기도 하고 작은 나무뿌리들로 얽히고설켜 있어 위험한 곳도 많았다. 본능은 슬그머니 주저앉아 기어가기 시작했다. 안전이 우선이었다. 나의 손은 얼른 길을 받치고 있는 나무를 향해 손을 뻗었다. 그런데 느낌이 이상했다. 얼떨결에 잡고 보니 에구머니 얼굴도 보이지 않는 등산객의 다리였다. 얼마나 놀랐는지 모른다. 민망함에 얼른 손을 놓고는 하마터면 넘어질 뻔했다.

소청봉 쉼터에 올랐다. 어느새 먼동이 트고 있었다. 너울 같은 안개가 설램으로 다가왔다. 동쪽 하늘은 이내 불그레한 고운 색으로 번져났다. 자연이 주는 색의 조화로움은 장관이었다. 새로운 아침, 또 다른 내일을 향한 이상이며 희망이었다. 구름바다가 연보라색에서 붉게 변했다. 베일로 가려졌던 붉은 해는 장엄했다. 황홀함 자체였다. 모두가 숨을 죽이며 바라보는, 생성은 심오했다. 분명 해의 탄생이었다. 오묘한 우주의 섭리를 깨달았다. 비로소 왔던 길을 되돌아 내려가기로 했다.

산 곳곳이 붉게 타고 있었다. 아래로 내려가면서 바라보니 더욱 장관이었다. 높은 가지부터 물이 들고 물이 든 차례대로 잎이 지는 것을 본다. 자연의 가르침은 또 다른 무언으로 다가왔다. 저 멀리 외설악이 보인다.

이브의 동산

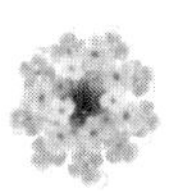

따뜻한 물속이 너무 좋다. 밖으로 나서는 게 미적거려진다. 이런저런 생각에 빠져 한참을 욕조에서 맴돌고 있는데, 누군가가 어깨를 툭 친다. 아는 얼굴이 아닌가. 반가우면서도 은근히 민망하다. 길에서도 마주치기 쉽지 않은 사람을 이곳에서 만나게 되었으니 말이다. 욕조에 몸을 담근 체 나는 지면에 발표된 부끄러운 글을 대할 때처럼 겸연쩍은 표정을 짓는다. 이럴 때마다 모르는 사람이 훨씬 더 편안하다는 생각을 한다. 이곳이 나에게는 혼자만의 은밀한 곳이지만, 사람들에게는 가장 일반적인 곳인 까닭이다.

문밖에서는 옷을 입음으로써 자유롭지만 여기에서는 벗음으로써 더 자유롭다. 물이 주는 친근감 때문일까. 문 안으로 들어서면서부터 편안함이 절로 느껴진다. 어머니 뱃속에서부터 감돌았던 물맛 때문인지 사람들의 발그레한 얼굴빛이 평화롭기 그지없다.

넓은 욕조에 머리만 내놓고 있는 사람이 있는가 하면 한쪽 귀퉁이에서 때를 밀고 있는 사람도 있다. 지금 내 눈앞에는 매끈한 상반신인 등줄기만 내어놓고 물속에 앉아 있는 여인도 있다. 방울방울 맺혀 있는 물방울을 보면서 이슬 머금은 과일처럼 풋풋함을 느낀다. 바쁜 걸음으로 들어선 목욕탕인지라 허둥대는 나와는 달리 사람들은 한가로운 느낌이다. 군데군데 빈 자리가 보이지만 앉을 수가 없다. 대야마다 간단한 소지품 등으로 이미 영역표시를 해두었다.

겨우 자리 하나를 발견하고 바구니를 내려놓았다. 돌아다보니, 모두다 벌거숭이다. 몸은 오직 몸으로 말할 뿐이라는 듯 여기서는 모든 것을 초월한다. 빈부貧富나 타인을 의식하지 않아 나는 이곳을 즐겨 찾는다. 누가 부르는 것도 아니지만 일상을 털어버리고 싶을 때면 불현듯 목욕탕을 찾는 것이다.

어디선가 상큼한 향기가 풍겨왔다. 옆에 앉은 젊은 여자가 오이 마사지를 하고 있었다. 갈증 때문이었을까. 한 입 깨물고 싶은 마음이 생겼지만 군침만 삼켜야 했다. 잠시 후 상큼하던 그 향기는 오간 데 없고 역겨운 냄새로 가득 찼다. 고개를 돌려보니, 욕조에서 막 나온 듯한 여자가 온몸에다 걸죽한 요구르트를 바르고 있었다. 발효유인 까닭에 주변은 유산균냄새가 비위를 상하게 했지만, 그녀는 개의치 않는 눈치였다.

여기서 만큼은 자연 그대로를 즐길 수 있다고 생각했는데, 그게 아니었다. 목욕용품을 담은 바구니를 들여다보니 저마다 피부관리를 위한 용품들로 가득했다. 그들은 나보다도 훨씬 젊고 예쁜데 피부관리에 더 신경을 쓰는 눈치였다. 그러고 보니, 나는 이제까지 그 흔한 마사지 용품도 없다. 아름다워지고 싶은 것은 잠시 마음뿐이고 단순하게 때를 씻어내는 일이 우선이라 생각했었다.

그러나 그게 전부가 아니었다. 옷을 벗는다고 자유로운 것이 아니었다. 옷을 벗고서도 아름다워지고 싶은 사람들의 욕구를 본 것이다. 지천명을 넘어선 내가 보기에는 젊음 그 자체만으로도 아름다운 것 같은데, 그게 아니라는 듯 모두가 아름다워지기 위한 몸놀림에 여념이 없었다. 갑자기 내 눈앞에 있는 벽거울이 흐릿하게 보였다. 거울 속의 내 모습을 지우기라도 하는 듯 이리저리 흔들렸다. 비누거품으로 둘러싸인 나를 찾는다는 게 쉬운 일이 아니다. 더욱이 묵은 때를 벗지 못한 나를 찾는다는 것은 늘 그림 밖의 그림일 뿐이다.

정체성을 갖고 산다는 게 쉽지 않은 것 같다. 글을 쓰는 것도 마찬가지가 아닐까 싶다. 드러나지 않는 내 속을 무시로 껍질처럼 벗겨내는 까닭이다. 그래야만 속이 후련해진다. 마치 길모퉁이에 있는 두더지 게임기를 보는 것 같다. 방망이로 내리치면 생각지도 않은 곳에서 머리를 내미는 두더지 모습이다. 늘 준비되지 않은 상황에서 내 속의 두더지가 원고지 밖으로 튀어오를 때면, 어김없이 독자의 방망이가 기다리곤 한다. 한 방 펀치의 위력을 확인이라도 하듯 나는 겁도 없이 튀어오르다가 방망이를 맞을 때가 많다.

이런 나의 무모함은 어제 오늘 일이 아니다. 어쩌면 나는 그것을 즐기는지도 모른다. 그것은 또 다른 '나'를 찾는 길이기 때문이다. 보이는 내 모습을 찾기 위함이 아니라 보이지 않는 '나'를 찾고 싶은 것이다. 그래서인지 나는 글줄이 풀리지 않을 때면 가끔씩 목욕탕을 찾는다. 벗어야만 풀리는 글줄처럼 그곳에서 진정한 '나'를 찾고 싶은 까닭이다.

문을 밀치고 나오니 누군가가 알은체를 한다. 누구인지 몰라 멈칫하는 순간, "언니, 나요, 나!"라고 하며 살짝 눈웃음친다. 참 궁금하다. 그제야 바라다보니 언제나 반라半裸의 모습으로 내 등을 밀어주던 도우미다.

제4부

분꽃 향기를 머금고

분꽃 향기를 머금고

바닷가 마을을 지날 때였다. 나지막한 담 밑에 눈에 익은 꽃이 피어 있었다. 마치 사방으로 번진 분꽃이 동그랗게 원을 그리는 것처럼, 오랜만에 보는 분꽃이었다. 그 순간 어린 시절이 떠오르며 참 반가웠다. 여름날 비가 개고 나면 분꽃 주변은 유난히 화사했다. 살짝 물기를 머금고 있는 꽃잎은 색시 볼처럼 고왔고 풀빛 짙은 잎사귀는 닦은 듯이 깨끗했다. 그 모습에 반해 들여다보면 낮게 걸려 있는 거미줄에도 작은 보석 같은 물방울이 대롱거렸다. 초등학교 저학년 시절. 우리들의 놀이터는 주로 학교였다. 길게 이어진 화단에는 빨간 꽃 노란 꽃이

까르르 웃음짓고, 우리들은 분홍색 분꽃을 따서 입에 물고는 나팔을 분다며 몰려다녔다.

엄지와 검지로 가녀린 꽃을 따면 여린 숨결에 살며시 따라 나오던 꽃술. 더러는 대롱거리며 줄기에 매달려 있었다. 분꽃 향기는 얼굴 가득히 번졌다. 작은 치마폭에는 활짝 핀 봉숭아 꽃잎도 주워 담았다. 재잘거리는 새 떼들처럼 삼삼오오 몰려 다니며 무지개 같은 고운 색으로 마음을 물들였다. 고만고만한 아이들의 수다스런 웃음소리에 교정의 신록은 점점 짙어만 가고 여름은 언제 물러갔는지 몰랐다.

꽃들이 계절을 지나고 어느새 시들어지면, 그 자리에는 동그랗고 까만 씨가 맺혔다. 고사리 같은 작은 손으로 꽃씨를 따 깨물면 하얗게 뭉쳐진 알맹이가 들어 있었다. 여자의 본성은 철없던 그 시절부터 시작되었는지. 딱딱하게 굳어 있는 팥알만 한 것을 아프도록 얼굴에 문질러대곤 했다. 우리는 그때 벌써 조숙하게 얼굴에 분칠을 했다. 세월이 흘러 연지곤지 찍는 새색시가 되었다. 신부화장을 하고는 참 부끄러워했다. 분꽃 씨처럼 한 가지만 바르는 게 아니라 여러 가지의 화장품이 자꾸만 내 얼굴에 덧발라질 때 참 놀라웠다. 그렇게 많은 종류가 있었다는 것이 신기했다. 순서도 모르고 어떻게 사용해야할지도 모르던 순진했던 시절, 풀꽃 향기보다 진한 향료가 거북스러웠다. 얼굴 가득 분칠로 시작된 그날. 남의 집 문턱을 넘어서면서, 여인의 업보였는지 옛날처럼 편안하지 않았다. 제약과 구속과 틀에 얽매인 삶이 주어졌다. 누구의 눈치를 봐야 하고 세상의 틀에 맞춰야 하는 관습들이 너무나 버거웠다.

구름 위를 날 것 같은 상상은 접어야 했다. 현실에 적응하는 것은 아예 체념뿐이었다. 자신을 위해 곱게 꾸미고 가꾸는 시간은 생각만큼 주어지지 않았고, 가정이라는 테두리는 여성의 아름다움과는 정반대의 거리에 있었다. 설부른 나는 어느새 지어미가 되고, 또 아이들의 어머니가 되었다. 칭얼거리는 아이를 업고 소꿉놀이 같은 하루가 시작되면 시간은 어떻게 흘러가는지 알 수 없었다. 끝없이 이어지는 집안일은 자꾸만 늘어났지만, 자신을 위한 시간은 머물지 않았다. 내내 가족들의 그림자마냥 따라다녀야 했다. 그것만이 언제나 우선이었고 정성을 기울여야 했기에 여성임을 쉽게 포기해 버렸던 것은 아니었던가. 어느새 늙어버렸다. 여자 나이 오십대. 얼굴 곳곳에서는 세월의 흔적이 역력하다. 눈 주변으로는 부챗살 같은 주름이 접히고, 먹물같이 번져 있는 미세한 잔금들은 어쩌란 말인가.

이제 화장이라는 눈속임으로 대충 남의 눈을 피하는 수밖에 도리가 없다. 그래서 시간을 들여 바르고 두드려 보지만 타고난 감각이 없어서인지 언제나 하는 둥 마는 둥이다. 나라는 자신은 없어지고 거울 속에 또 다른 여인을 바라보고 있다. 흐트러진 머리에 빗질을 하고 서글픈 마음으로 마주본다. 젊은 날은 그 언제였던가. 얼굴에 분을 바르고 색조화장품으로 분위기를 낸다고 한들 그 얼굴이 그 얼굴이다. 칠하고 감춘다고 어찌 이것을 막을까. 게다가 옛날처럼 분칠로 얼굴을 하얗게 하고, 메이컵으로 자신의 개성을 살리는 것은 고전의 이야기가 되고 말았다. 이제는 성형으로 미인의 기준을 정한다. 세상은 많이 달라졌다. 의술은 사람의 생명만 지켜주는 것이 아니고 아름다움을 가꾸는 데도 기여한다고 한다. 물론 불가피한 정형이 아닌, 미의 추구이고 보니 우리들의 가치관마저 흔들리고 있다.

얼굴의 윤곽은 물론 나이 들어 생기는 주름, 처지게 되는 피부, 몸매까지 성형의 대상이 된다고 한다. 그러다 보니 외모에 관심이 더 많아진 요즘 여성들은 온통 남의 얼굴에 눈독을 들인다. 상대방이 젊고 예뻐 보이면 성형미인이라며 은근히 시샘을 하거나 부러워한다. 이제 용모가 인생의 성패에 크게 작용한다는 여론이다. 외형적인 모습으로 경쟁하는 시대가 왔다. 덕분에 성형외과가 문전성시를 이룬다. 앞다퉈 얼굴에 승부를 건다. 간혹 나에게도 제동을 건다. 눈 밑 주름살을 제거하면 훨씬 젊어 보이겠다며 슬며시 내 마음을 흔든다. 나 역시 거울을 볼 적마다 속상해했던 적이 한두 번이던가. 미모美貌도 아닌데다 얼굴 곳곳에 흘러내린 주름살이며 처진 눈이랑, 필요 없는 군살도 문제다.

평생에 걸쳐 이루지 못한 것이 어찌 이 얼굴뿐일까. 보이지 않는 내면도 부족한 것 투성이다. 아무래도 조물주께서는 나를 대충 만드셨나 보다. 원망을 하기에는 이미 글렀다. 원판을 변형시키기에는 대단한 모험이 뒤따른다. 그렇잖아도 여기저기 부실한 몸, 영구보존조차 의문이다.

당대의 이름난 절세가인絕世佳人도 늙고 병들지 않던가. 아무리 좋은 화장품도 피부의 노화를 다 막지 못한단다. 그럴 바에는 이제 세상의 명리에서도 초탈할 수 있는 여인이고 싶다. 내 안에서 완숙함이 분꽃처럼 드러날 때 향기가 풍겨지는 것처럼.

길상사에서

그 절에 간 것은 우연한 일이었다. 멋모르고 친구를 따라 갔는데, 꽤 유명한 절이었다. 법당 안은 사람들로 가득 차 있었다. 큰스님의 법문을 듣기 위함인 것 같았다. 언제나 무소유를 주장하며 그것을 생활화하시는 분이라고 한다. 사람이 무엇인가를 갖는다는 것은 소유를 당하는 것과도 같아서 그만큼 정신이 부담스러워진다는 것이다.

이러한 스님의 철학 속에 이어지는 법회는 조용하다 못해 숙연한 분위기였다. 무신경하게 자고 있던 감각들을 죄다 일깨우는 것 같았다. 어려운 법문이 아닌 우리가 살아가는 일상적인 화두를 제시하고 있었다. 엉겁결에 뒤돌아보니 절 마당까지 사람들로 가득했다. 신부님도 수녀님도 모두가 진지하게 법문을 경청하며 열심히 메모하고 있었다.

법문은 계속되었다. 사람이 살아가는 데 가장 중요한 것을 의식주라고 한다면, 의복 다음에 중요한 식食 즉, 먹거리에 관한 화두가 이어졌다. 언젠가 스님께서 프랑스 파리에 갈 때 열한 시간이 걸렸었는데, 그때 기내식이 네 번이나 나왔다는 것이다. 탑승객 대부분이 주는 대로 거침없이 먹는 모습을 보고, 문득 사육되고 있는 동물 같은 느낌이 들었다고 한다. 이왕 얻어지는 것이라고 생각해서인지 거침없이 먹더란다. 폭식은 몸을 병들게 하고 급기야는 삶을 영위하는 데 필요한 음식마저 못 먹게 한다는 경고를 했다.

살아 있는 목숨은 독한 물을 먹지 않으면 정신을 흐리지 않는다고 한다. 우리가 기분 좋게 마시는 술도 지나치면 인간을 황폐화시킨다고 하였다. 또 고기를 좋아하는 사람과 채식을 좋아하는 사람의 성격이 다르다는 것도 말씀하셨다. 초식동물인 소는 풀만 먹고도 힘이 세고 온순하지만 잡식성의 동물들은 과격하다고 했다. 우리는 너무 먹는 데만 기氣를 쓴다고도 했다. 음식은 목숨을 이어가면 그것으로 족할 줄 알아야 한다는 것이다. 맛있고 기름진 음식을 탐하면 결국 배설하는 것에 정력을 소모할 뿐이라고 했다.

큰스님은 또 우리가 먹는 것에만 치우치고 산다면 몸을 보전하기 위해 사는 일반 동물과 다를 바 없다고 하셨다. 그러므로 정신의 먹이도 그만큼 중요하다는 것이다. 글을 읽고 음악을 듣고 혹은 명상을 하면서 마음을 다스려야 한단다. 보고 듣는 것도 가려야 하며 쓸데없는 말로 남을 언짢게 하지 말며 자신의 입으로 죄를 짓지 말라는 것이다.

무엇보다 마음을 맑히는 일에 전념해야 하며, 수시로 거울을 닦듯 자신의 마음을 깨끗하게 닦아야 한다는 것이다. 차를 마시면서 나누는 이야기 또한 정치나 돈에 대한 것 말고, 차에 어울리도록 맑고 향기로운 내용이어야 한단다. 차를 마시면서 큰소리로 세상일에 참견하거나 남의 흉을 보는 것은 차에 대한 결례라는 것이다.

우리가 살아가면서 행하고 실천해야 하는 일임에도 지키지 못한다는 질책으로 들렸다.

불교에서는 언제나 하심下心하는 법을 가르친다고 한다. 하심이란 마음을 낮춘다는 뜻으로 자랑하는 마음, 오만한 마음, 과시하는 마음을 없애고 남의 잘못을 보지 않고 오직 자기 허물만을 보게 하는 마음이란다. 새삼 넓게 열린 공간을 바라다보니 마음속의 장벽이 한순간 사라져버린 느낌이다.

우연히 찾은 길상사에서 만난, '입안에 말이 적고 마음에 일이 적고 뱃속에 밥이 적어야 한다.' 는 법구경은 내 삶의 지침서가 되고 있다.

은행나무

이슬에 젖은 나무들이 세수를 한 듯 신선하다. 산뜻함에 마음까지 맑아진다. 곁으로 다가서니 노랗게 물이 드는 모습에서 은행나무가 떠올랐다. 어렸을 때 자주 갔던 외가 동네에 큰 은행나무가 있었다. 가을이면 노랗게 물이 드는 나무가 좋아 무척이나 즐겨 찾았던 외가였다.

옹기종기 살고 계시던 외삼촌들께선 나를 무척이나 귀여워해 주셨다. 막내인 어머니에 대한 각별한 정으로 근황을 물어오셨지만, 어른들의 마음과는 달리 내 마음은 바빠졌다. 여기저기 대충 인사만 드리고는 은행나무를 향하여 달려갔다. 마치 누군가가 기다리고 있는 것만 같아 마음이 들떴다. 막상 뛰어가 보면 함께 놀 친구는 없어도, 아름드리 큰 나무가 넉넉하게 맞아 주었다. 하나둘씩 아이들이 모여들면 즐거웠다. 마치 다른 세상에 온 것처럼 눈이 부셨다. 온통 내 것 같은 흡족함에 은행잎을 던지며 발이 푹푹 빠지도록 맴을 돌았다. 그러다가 눈처럼 떨어지는 고운 잎을 줍기라도 하면 신이 났다. 한 웅큼씩 모아 꽃송이를 만들었다. 노란 은행잎이 한 잎 두 잎 겹쳐지면, 내 손에서 꽃이 피어났다. 이번에는 또 나비를 만들었다. 차곡차곡 모아진 은행잎을 날려보내면 내 낮은 머리 위로 나비가 훨훨 날아다녔다.

한참을 놀고 난 뒤였다. 어느새 해가 뉘엿거리는 저녁이 되었다. 아무래도 그 예쁜 은행잎들을 그냥 두고 가기에는 아쉬웠다. 곱고 티없는 것만 골라 책갈피마다 끼워 넣었다. 욕심쟁이 내 마음은 책 부피보다 더 불룩해진 은행잎으로 가득했다. 소녀적 꿈처럼 오래오래 간직했다.

해마다 가는 외가에 팔을 뻗으며 들어섰다. 그리고 예전처럼 어김없이 나무 재기를 해보았지만, 우리들의 아름은 은행나무를 따를 수가 없었다. 한여름 은행나무의 녹음이 짙어지면 삼삼오오 동네 사람들이 모여들었다. 부챗살 같은 잎은 청량제였나 보다. 도란거리는 이야기 속에 시골 마을의 정이 피어났다. 꾸밈이 없던 모습으로 사람들은 시간 가는 줄 모르게 정담을 나누었다.

하늘을 향해 곧게 뻗은 은행나무는 우리들에게 당당하게 살아가려는 의욕과 용기를 갖게도 한다. 비탈진 곳에 뿌리를 내렸더라도 한 치의 어김이나 게으름도 없이 제 몫을 다한다. 낯선 곳에 심겨져 있더라도 정이 가는 것은 옛날의 추억만은 아닌 것 같다. 서로 가까운 곳에서 바라만 보아도 열매가 맺는, 나무 중에서도 유일하게 암수가 따로 있는 것은 은행나무이다. 말이 없는 식물이 교감으로만 결실을 이루는 것은 우리를 신비롭게 한다. 이 얼마나 멋진 사랑의 이야기인가. 은행나무에 이런 로맨틱이 숨겨져 있었다니 놀랍다.

늦가을 찬바람이 불면 은행나무는 결실을 맺는다. 한 해 동안 피웠던 자신의 잎과 열매, 그 모든 것을 내어준다. 길게 늘어뜨린 동그란 씨는 한방에서 빼놓을 수가 없다. 우리 인체의 부실한 부분까지 요긴하게 다스린단다. 열매는 요리할 때 색감이 선명한 푸른색 고명이 되어 맛과 멋을 어우러지게 해준다.

또 나뭇잎의 생애가 끝날 무렵 아름답게 변색하는 모습은 우리를 황홀하게도 한다. 태양의 열기를 마시면서 엽록수가 냉기를 이기지 못해 시들어지면, 숨어 있던 노랑 색소가 노출

되면서 단풍이 든다. 이럴 때 노란 은행잎은 빨갛게 물들어가는 단풍들과 극치를 이룬다. 그 고운 색은 우리의 산과 들을 마음껏 치장하여, 세상을 온통 눈부시게 한다. 얼마 못 가 흙이 될 잎들이, 이토록 최후를 아름답게 장식하는 이유를 우리는 짐작할 수가 없다. 인간의 마지막도 이처럼 화려하고 영광스러우면 얼마나 좋을까?

새삼 우리들의 삶도 은행나무를 닮았으면 싶다. 자연의 한 부분인 나무임에도 얼마나 소중하고 값진 의미가 담겨 있었는지 숭고함마저 느낀다.

그것을 보면서 우리들의 삶은 어떻게 뿌리를 내리고 열매를 맺고 있는지 생각해 본다. 과연 내가 은행나무라면 나의 나무는 어떤 모습으로 보여질까? 내 자신 황혼이 다가오면 나무의 순도純度는 어느 정도일까. 그 순수성을 향하고 있는지 짚어보고 싶다.

은행나무의 생애生涯를 보며 마음은 오랜만에 외가에 들어서고 있었다.

사과

나는 사과를 좋아한다. 그 중에서도 홍옥을 가장 좋아하는 것은, 새콤한 맛이 기분을 상쾌하게 하는 까닭이다. 어렸을 적 아버지께서는 나들이가 잦으셨다. 들고 다니는 낡은 가방에서는 언제나 향긋한 사과냄새가 났다. 철없던 나는 아버지의 귀가보다 사과를 더 기다렸다. 사과가 많이 나던 고장에서 군대 생활을 했던 오빠 역시, 휴가 때면 내가 좋아하는 사과를 가져온다는 편지를 보내왔다. 사과는 언제나 꿈과 희망을 주며 때묻지 않은 소녀적 추억까지 담고 있다. 과일가게에 진열되어 있는 사과를 보면 마음이 부푼다. 언제 보아도 탐스럽다. 또 발그레하게 윤이 나는 고운 모습은 보기만 해도 기분이 좋다.

시장바구니에 사과 몇 개를 사서 담았다. 모처럼 넉넉한 마음이 들었다. 집으로 돌아와 예쁜 소쿠리에 담아 식탁 위에 올려 두었다. 늘 보던 것인데도 자꾸만 눈길이 갔다. 같은 모양인데 빛깔은 조금씩 달랐다. 곱게 잘 익은 빨간색이 있는가 하면 유난히 자주색으로 반짝거리는 것도 있다. 사과는 수줍음 타는 소녀처럼 곱다. 마치 처음 사람을 만날 때처럼 신선함으로 다가온다. 그 중에서 제일 먹음직스러운 것을 골라 익숙한 솜씨로 껍질을 깎았다. 진한 사과 향은 구미를 돋우며 입맛을 자극했고 투명한 표피는 날렵한 칼끝에서 벗겨져 이내 속살이 드러났다. 어느새 입안에는 침이 가득했다. 얼른 한입 깨물었더니 정말 맛있었다. 새콤달콤한 맛이 마음까지 신선하게 해주었다.

접시에 소담하게 담아 놓고 천천히 맛을 음미했다. 향긋하고 달콤한 맛은 예전과 조금도 변함이 없었다. 신문까지 펼쳐 놓고 느긋하게 읽으면서 먹었다. 얼마나 지났을까. 뽀얀 사과가 누렇게 변해갔다. 조금 전까지만 해도 분명 투명한 속살이었는데, 얼굴에 생기는 잡티처럼 거무스름하게 변하고 있었다. 그뿐만이 아니다. 여러 과일을 함께 두고 먹어도 유독 다른 과일에 비해 빨리 변한다. 하다못해 주스를 만들어도 금세

빛깔부터 변하지 않던가. 껍질을 벗기고 바라본 사과의 이중성이다.

세상에 변하지 않는 것이 어디 있을까마는 늘 가까이 둔 탓에 마음에 걸렸다. 형체가 있는 사물은 변하는 게 자연의 이치다. 곱고 투명해 좋아했던 만큼 마음이 아렸다. 마치 인간관계의 단면을 보는 것만 같았다. 처음에는 누구나 맑고 투명한 사과처럼 신선한 모습이다. 자신들의 색깔도 분명했다. 기다리는 설렘이 있는가 하면 다가가는 기쁨도 분명 있다. 언제까지나 지속될 것 같았는데 한계였던가. 유효기간이 있는 줄을 미처 알지 못했다.

쉽게 변하는 것이 사람의 관계다. 겉모습만 보고는 알 수가 없다. 보이지 않는 그곳은 포장을 뜯어내고 진실을 볼 수 있을 때 평가된다. 그리스 신화에 나오는 모모스는 대장장이 신 레파이스토스에게 왜 인간의 가슴에 창을 만들어 놓지 않았느냐고 탓했단다. 창이 없으니 인간의 속마음을 알기 어려워서였단다. 인간에겐 그 창이 없어서일까. 갑갑함에 견딜 수 없어 이내 속을 보이게 된다. 숨겨진 거짓도 어느새 드러난다. 인간이 안팎이 다른 가식의 옷을 벗게 되면 얼마나 초라하던가. 뒤돌아보면 함께한 시간들이 허무와 함께 무너져내린다. 마치 내가 좋아한 사과가 상했을 때처럼 안타까웠다. 제대로 관리 못한 자신의 소홀함도 있다. 아까운 생각에 흠집을 찾아 깎고 또 깎았지만 상처는 생각보다 깊었다. 이미 깊게 파고들어가 둥그스럼한 예전의 모습이 아니다. 좋았던 기억보다 섭섭한 마음만 남았다. 가슴에는 구멍이라도 뚫린 것처럼 찬바람이 분다. 어느새 까만 씨만 오롯하다. 그 기억 때문일까. 누구에게든 선불리 다가가지를 못한다. 어쩌면 사과가 미리 일러준 것은 아니었을까.

망상증

모처럼 집을 나섰다. 친구들과 약속했던 봄놀이였다. 세상은 온통 파랗게 펼쳐져 있었다. 들뜬 마음에 출발한 지 얼마 지나지 않아 불현듯 가스 불을 끄지 않고 나온 것 같았다. 집을 나서기 전의 상황을 되새겨보았지만 아무리 생각해도 더 이상의 기억은 나지 않았다. 그로부터 불안이 가중된 가운데 나는 망상妄想에 사로잡혔다. 우리 집에 연기가 새어 나오고 많은 사람들의 웅성거림이 보이는 것 같았다. 마치 실제로 불이 난 것처럼 안절부절못했다. 이런 나를 보고 친구는 별 일이 없을 것이라고 하였지만 나는 마음을 놓을 수가 없었다.

할 수 없이 나는 집에서 한참 벗어난 거리에서야 핸들을 다시 집으로 돌려야 했다. 대문 앞에 도착하자마자 얼마나 다급했는지 열쇠를 제대로 끼울 수가 없었다. 겨우 현관문을 열고 들어서니, 집 안은 고요했다. 참으로 어이가 없었다. 이런 일이 벌써 몇 번째이던가. 외출할 때마다 나는 번번이 이런 불안감에 시달리곤 한다. 그뿐만이 아니다. 다림질을 한 후에 스위치를 뽑지 않았다는 생각도 심심찮게 나를 괴롭힐 때가 많다.

언제부터인가 나의 불안감은 정도를 조금씩 벗어나고 있다. 이를 해소하기 위해 나름대로 노력해 보았다. 그러나 많은 것을 알면 알수록 더 불안해지는 것 같았다. 마음을 비우기도 하였지만 순식간에 차오르는 잡념들은 또 다시 나를 불안하게 했던 것 같다. 나무 끝에 지어진 새집처럼 불안한 마음을 떨쳐내기가 쉽지 않았다. 어쩌면 나의 이 병은 살아있는 날까지 계속될지도 모를 일이다.

하이데거에 의하면, 태초에 불안의 신이 사람을 만들기 위해 땅의 신을 찾아갔다고 한다. 그에게 흙을 빌려 사람의 육신을 만들었는데, 생명력이 없어서 흙으로 만든 형상에 불과했단다. 그러므로 그는 다시 영혼의 신을 찾아가 영혼을 불어넣고서야 비로소 사람이 완성되었다고 한다. 그날 이후부터 불안의 신, 땅의 신, 영혼의 신은 저마다 사람을 자신들의 소유물로 생각하며 싸웠다고 한다. 그러자 제우스신은 "만약 이 사람이 죽거든 땅의 신은 육신을 가져가고, 영혼의 신은 영혼을 거두어가라. 그리고 불안의 신은 사람이 숨을 쉬고 있는 동안만 데리고 살아라."라는 판결을 내렸다고 한다.

불안의 신이 만들어서일까. 나도 모르게 종종 불안감을 느낀다. 무슨 일을 하기도 전에 걱정이 앞서곤 한다. 그러나 이제부터는 불안을 털어내고 조금씩 느긋한 마음을 가져야겠다. 불안감이 엄습해올 때마다 내가 찾는 곳이 있지 않던가. 그곳은 식사준비를 하다가도 책을 읽다가도 불쑥불쑥 드나드는 우리 집 베란다이다. 사시장철 많은 꽃들이 피어나고 있는 내가 즐겨 찾는 곳이기도 하다. 그 중에서도 특히 앙증맞은 바이올렛과 붉게 타오르는 제라늄에게 나는 사랑스러운 눈길을 보낸다. 언제나 수줍은 모습으로 나를 유혹하는 그들에게서 힘을 얻는 까닭이다.

조금 전까지만 해도 구급차 소리가 요란하더니 이젠 들리지 않는다. 이 방 저 방 돌아다보니, 남편도 아이들도 모두 다 잠이 든 모양이다. 베란다의 꽃들도 모두 다 잠들었나 보다. 고요한 밤이다. 그 속에 젖어드는 내 마음도 어느새 평온해진다.

왼손

그만 손가락을 베었다. 생각보다 상처가 깊어 겁이 덜컥 났다. 선혈이 흐르는 부위를 꾹 누르며 한참을 당황했다. 점심준비를 해놓고 외출을 한다는 것이 이 같은 실수를 했다. 병원부터 가야 하는 것은 아닐까.

시간은 빠듯한데 큰일이었다. 부엌일도 마무리하고, 머리도 감고 할 일이 많은데 순간적으로 일어난 나의 부주의로 일이 자꾸만 늦어지고 있다. 그나마 다친 손이 왼손이기에 좀 나을 것 같았다. 하지만 오산이었다. 한쪽 손으로는 마음만 바빴지 일이 제대로 되지 않았다. 평소 왼손을 등한시한 벌인지도 모

른다. 내 왼손은 항상 오른손에 의해 움직이는 것을, 딱하게 생각했던 것도 사실이었다. 대수롭지 않게 느끼다가 막상 다급해지면 안쓰러운 마음이 생기는 것은 무슨 까닭일까.

언제나 보조의 역할만 맡으면서 상처는 꼭 왼손이 받게 되는 것은 무슨 연유일까. 잘못도 없으면서 간간이 아픈 일만 당하니 아무리 생각해도 애먼 일이다. 원인은 나의 부족한 판별력이며 거의가 오른손 때문이다. 일정한 간격을 유지하고 정신을 바짝 차려야 했는데, 앞뒤 재지 않고 너무 믿는 것이 탈이었다. 예리하고 무서운 칼은 언제나 오른손에 쥐어져 있고 둔한 왼손은 아무런 방어도 할 수 없다. 도마 위에서 왼손이 아무리 조심을 한다고 해도 성큼 다가오는 칼날을 피하기는 어렵다.

지난번에도 밭 언덕을 내려가다가 미끄러져 엉덩방아를 찧었다. 풀밭이라 방심하다가 빚은 실수였다. 무심결에 또 왼손을 짚었다가 손가락을 크게 다쳤다. 충격을 받은 손이 금방 부어올라 병원치료를 받으며 한동안 고생했다. 나는 왼쪽이 좀 시원찮다. 그릇 한 개도 왼손으로는 집어 들지 못한다. 무거운 것을 들 때도 주로 오른손을 사용하고, 아주 간단한 것도 왼손으로는 하지 못한다. 남들은 오른손 왼손을 모두 수월하게 움직이던데….

붕대를 감고 주로 한쪽 손으로만 하다 보니 일은 능률도 오르지 않고 갑갑하기만 하다. 그보다도 쓰지 않는 팔이 아프기 시작했다. 몸의 균형으로 보면 오른팔이 앞으로 나가면 왼팔은 뒤로 나가야 할 것 같은데 움직이지 않고 가만히 있으니 더 힘들었다. 걸레를 빨아도 두 손으로 물기를 짜야 하는데 정말 손이 맞질 않는 것이다. 엉성한 손놀림과 유연하지 못한 동작으로 이어지는 집안일. 아무리 생각해도 화가 나고 바보 같았다. 한두 번도 아니고 번번이 방심하다가 자해를 하고 돌아서서 자책을 해본들 남의 탓이 아니고 내 탓인 것을.

남이 상처를 준 것이 아니라 내 자신이 피해자며 가해자다. 이것이 어리석은 내 모습이다. 나는 자주 두 손을 사이에 두고 칼을 든 무사가 된다. 용맹스럽지도 그렇다고 사분사분하지도 못하면서 바짝 다가가 자신도 모르게 상처를 받는다. 가까우면 가까워질수록 경계하고 조심해야 하는데 한순간 느슨한 틈에 아픔은 더 커진다. 모든 것이 내 마음 곁에 있다고 믿었지만, 세상은 그것이 아니었다. 사람들은 모두 자기만의 비수를 하나쯤은 가지고 있었으니까. 나 역시 무딘 칼로 자해를 하고 남을 해치게 했을지 모를 일이다.

매사가 그렇다. 꼭 시원찮은 왼손 같은 자신이 따라나섰다가 낭패를 당한다. 세상은 영악한데 어설픈 나는 따라다니며 상처를 남긴다. 인간관계가 처음부터 분기점을 정해놓고 맺는 것은 아니다. 거리를 두고 논하기 이전에 한 번 맺어진 상황은 만사를 어렵게 한다. 그렇다고 인간관계를 무 자르듯 쉽게 끊을 수도 없다. 마치 왼손 오른손을 격리시킬 수 없듯이 말이다.

서로 독립되어 있는 것 같지만 끊임없이 교감을 하는, 오른손 역시 왼손 없이 무슨 일을 하겠는가. 동시에 반사적으로 움직이는 것이 그야말로 눈 깜빡하는 사이에 일어나는데 무엇으로 막을 수도 없다. 또 서툰 왼손이 먼저 나선다고 무슨 일이 제대로 될까. 자칫 일을 그르칠 까 불안한 것을. 모든 것은 양면이 있고 앞과 뒤로 구분되어 있지 않는가. 두뇌가 명령을 내리는 것도 항상 함께 하기 때문이 아닐까. 오른손이 국자를 들었을 때 국그릇을 가져가는 것은 왼손이 해야 할 일이다. 때로는 어설프기도 하지만, 왼손이 소리없이 도와주고 곁에 있어주는 것만으로 바른손은 무슨 일이든지 척척 해낸다.

세상 이치는 상반된 관계가 자신의 역할을 다할 때 비로소 빛을 발하는 것이 아닐까. 깜깜한 어둠 속에서 한 줄기 불빛이 주위를 밝게 하듯이.

우리가 살아가는 우주 만물도 그런 것이 아닐까. 밤과 낮이 존재하고 부부도 남녀가 뚜렷하면서, 함께 어울리는 것이 우리의 삶이다. 그렇게 살아가는 것이 인간의 본연이고, 자연의 오묘함이다.

미미하면서, 작은 것이 더 소중하게 느껴지는 것은 모처럼의 일이다. 비로소 왼손이 큰일을 하고 있었다는 것이 실감났다. 언제나 꼴찌 같은 왼손은 당당하지 못하고 주눅들었던 게 아니었다. 오른손과 왼손과의 역할이 다르다는 것을 미처 깨닫지 못했던 내 잘못이었다.

낙엽 천지

뜰에 나섰다. 어젯밤 비바람으로 마당은 온통 낙엽천지落葉天地다. 청소를 하려고 나섰지만 난감하다. 차라리 하얗게 눈이 내렸다면 얼마나 깨끗하게 보일까 하며 엉뚱한 생각을 해본다. 내 등 뒤 단풍나무는 아직도 곱다. 새빨간 빛이 불꽃처럼 투명해 오래도록 시선이 머문다. 그 순간 티 없이 고운 이파리가 머뭇머뭇 땅으로 떨어진다.

아직도 잎을 매달고 있는데, 바람은 성급하게 낙엽을 불러 모았다. 참다래며 은행나무 감나무 비파나무 잎까지, 갈빛 되어 마당에서 서성거린다. 여름이면 짙은 푸르름과 가을이면 수확의 즐거움을 주었는데. 그것도 잠시다. 이제 잎을 떨구는 계절로 접어들었다.

온 집안은 떨어지는 낙엽으로 가득하다. 젖은 나뭇잎들의 처연한 모습 때문일까. 왠지 바라보는 느낌이 편치 않다. 골목길에서부터 마당에 이르기까지 오랜만에 대청소를 해야겠다. 먼저 옥상으로 올라가 쓸어내렸다. 계단 옆으로 다래 넝쿨을 심어 옥상까지 뻗게 만들었더니 뒹구는 것이 낙엽이다. 굵고 눅눅한 잎들이 비 끝에서 모아졌다가 밀려나가길 반복한다.

한 곳으로 모아 둔 낙엽을, 마침 불어오는 바람이 몰고 간다. 부서진 잎사귀들이 뱅그르르 맴을 돌다가 멈칫거린다. 평소에는 여기저기가 좁다고 생각했는데 청소를 시작하니 보통 일이 아니다. 마른 잎들은 구석진 곳에까지 숨어들어 웅성거리고 있다. 한 계단씩 쓸어내리는 것도 힘들었다. 쓸려나가는 마른 잎사귀들이 사각거리는 소리를 낸다. 한참을 쓸다 보니 허리도 아프고 손목까지 시큰했다.

이제 주위가 말끔해졌다. 청소가 끝나면 기분이 산뜻해질 것 같았는데 그게 아니다. 이내 마음 한 곳이 씁쓸해졌다. 한동안 무성했던 잎사귀들이 떨어져나가고 난 뒤라 삭막하다.

그 낙엽들이 꼭 우리들의 생로병사生老病死처럼 여겨졌다. 태어나고 자라면서 겪는 사람의 한평생이 자연의 이치와 같다. 나무들에게는 사계절의 뜻을 부여해 순환하는 것이 신기하다. 봄이면 연한 잎을 틔우고 여름이면 무성하고 가을이면 열매를 맺는, 인생길 같은 애잔함이 느껴진다.

이웃에 할머니 한 분이 사신다. 한 동네에서 살다 보니 가끔씩 오시는 어머님과도 마음을 나누었다. 나를 만나면 언제나 근황을 묻곤 하던 정이 많고 따뜻한 분이셨다. 어느 날 길에서 우연히 마주쳤다. 예전처럼 인사를 드렸는데 아무런 말씀없이 스치듯이 지나가셨다. 나를 못 알아 보셨을까. 이런 적은 한 번도 없었는데…. 무슨 오해라도 있었던 것은 아닌가. 왠지 마음이 편치 않았다. 한참 뒤에야 치매에 걸렸다는 소식을 들었다. 가족들이 조금만 틈을 보이면 엉뚱한 행동을 곧잘 했다. 나뭇잎처럼 앙상하게 마른 자신의 몸을 가누지도 못하고, 계절에 맞지 않는 옷차림으로 배회하기도 했다. 눈은 허공을 바라보는지 인사를 드려도 묵묵부답이다. 그렇다고 그냥 모른 체하기에는 마음이 편하지 않았다. 초점 없는 눈길로 돌아시면 내 마음까지 우울해졌다. 그 연세에 정정하신 분도 많은데 안타까운 잎새처럼 마음을 접은 것이다.

끊임없이 주는 나무였다가 이제는 고목이 되고만 것이다. 삶이 왕성하던 때는 꼭 필요한 일을 했건만 늙어 쓰러진 나무는 이제 더 이상 쓸모가 없게 되었다. 이것이 누구도 비켜갈

수 없는 우리들의 삶이 아니던가.

마음먹은 김에 밖으로 나가 골목길까지 쓸었다. 여러 사람들의 발끝에서 부서지고 마모된 낙엽들이었다. 고샅길이 깨끗해졌는데도 마음은 씁쓸했다. 우리들의 삶도 어쩌면 빗자루 끝에서 사라지는 것은 아닐까. 마음이 스산해진다.

마음을 접고 대문을 들어섰다. 뜰에 내려서서 나무들을 바라보았다. 마른 잎새들을 떨구던 그 나무들 옆에는 놀랍게도 또 다른 아기 목들이 삐죽하게 자라 키재기를 하고 있었다. 큰나무들에 눈먼 내가, 그들을 헤아려 주지를 못한 것이다. 그것을 보니 떠나는 것이 아니라 자신을 버리면서 번성해 나가는 과정이었다. 어쩌면 영원한 자리가 아닐까 하는 생각이 들었다. 한 뿌리에서 또 다시 무성한 잎이 피고 열매를 맺는 것은 같은 맥락이 아닐까. 내 생명의 연장으로 우리 아이들이 자라고 어른이 되듯이 대대손손 이어지는 흐름이다.

내내 허전했던 마음이 나도 모르게 돌아섰다. 내어주고 싶고 비워내는 마음으로 자리를 잡았다. 이제 하나 둘 접는 단계가 되었다. 어느새 아이들의 키가 나를 앞섰다. 장정이 되어 작은 눈맞춤이라도 올려다보아야 한다. 나의 잎새도 우리 아이들의 자양분인 부엽토가 될까. 나목들 속에 비켜 앉은 감나무 가지에 달려 있는 까치밥, 햇살에 눈이 부셨다.

일본여행기

1

김해공항을 출발하는 비행기를 탔다. 4박 5일의 일본여행길이다. 학창 시절이 아닌 중년의 나이지만 여행은 여전히 설레게 한다. 비행기는 이륙을 시작하면서 어린 시절로 데리고 갔다. 꼭 연을 들고 뛰어가던 내 발자국 소리 같았다. 내 마음도 어느새 함께 날아올랐다. 이제 연이 하늘 높이 올랐는지 따따따 하는 소음은 나지 않았다. 구름이 솜처럼 푹신하게 걸려 있는데 금속으로 만들어진 이 무거운 쇳덩어리가 하늘을 나는 것은 언제나 신기하다. 날씨가 너무 좋다. 어제까지 태풍의 영향권에 들어 걱정했는데. 오늘은 언제 그랬느냐는 듯, 최상의 기후다.

오랜만에 타보는 기내에 적응하느라 한참이 흘렀다. 어쩌다가 비행기 날개 부분에 앉게 되어 답답했지만, 들뜬 마음에 한 시간 사십 분은 금방 지나갔다. 나리따 국제공항에 도착했다. 듣던 대로 입국심사는 까다로웠다. 한참이 걸렸다. 일행들의 여권 확인이 끝나는 대로 짐을 챙기게 했다. 물론 여행을 전담한 가이드가 있어 불편은 없었다. 공항에 차가 대기하고 있다고 했지만 쉽게 나타나지 않아 처음부터 우리를 실망시켰다. 날씨도 더운데 약속을 지키지 않아 얄미웠다. 모두들 끙끙거리며 공항에서부터 자신들의 큰가방을 옮기느라 벌써부터 지쳐 있었다. 하나같이 짐을 들고 오른쪽에서 왼쪽으로 이쪽저쪽 따라가는 병아리처럼 버스를 찾아헤매야 했다. 한참 후 빙긋이 웃으며 다가오는 버스기사는 노인이었다. 우리들의 모습을 지켜보기나 한 것처럼 태연했다. 미안하다는 말도 없었다. 기다리는 차는 소형버스로 아주 작았다. 오르내리기를 몇 번이나 하면서 혼농을 했다. 일본의 차는 운전대가 오른쪽에 있다는 사실을 자꾸만 잊는 것이었다.

버스를 타고 키누가와로 출발했다. 고속도로를 달리는 차는 기준 속도를 지키고 있었다. 길 가에는 예쁜 무궁화가 많이 피어 있었다. 옅은 보라색의 꽃송이가 활짝 피어 있어 잠시 우리나라 같은 착각에 빠졌다. 무궁화는 공해에 강해 가스나 대기오염을 정화시켜준다고 했다. 기후가 비슷하고 들꽃들의 무리도 눈에 익었다. 우리의 산야에 있는 쑥부쟁이나, 자귀나무가 그것이다. 키누가와에서 때늦은 점심을 먹었다. 다행히 뷔페식이라 입맛에 맞는 것을 찾아 먹을 수 있어 좋았다. 식사를 마치고 우리가 묵을 호텔로 이동했다. 제법 먼 거리로 온천이 있는 곳이었다. 차가 진입하기도 전에 길거리엔 유가타를 (기모노처럼 생긴 옷) 입고 다니는 사람들이 눈에 띄었다. 식당에 있는 직원들은 몸에 밴 친절로 깍듯하게 인사를 했다. 키누가와에 있는 그린 팔래스 호텔은 비교적 깨끗했다. 호텔방으로 들어오면서 매점에 들러 물과 우유를 샀다. 나이도 많은 아주머니가 얼마나 공손하고 친절한지 깜짝 놀랐다. 고개를 숙이며 고맙다고 연신 절을 했다. 잠시 우리의 불친절한 모습이 생각나 부끄러웠다.

2

아침이 되어 주위를 둘러보니 아름다웠다. 깨끗한 계곡물이며 하얗게 반들거리는 속살 같은 바위. 인간보다 자연을 더 배려한 흔적이 뚜렷했다. 아침을 먹고 닛꼬(일광시)로 이동했

다. 게곤노타키라는 폭포를 찾아나섰다. 일본의 3대 폭포 중에서 가장 크고 멋있다는 곳이었다. 그것을 보기 위해 지하 1,000m까지 승강기를 타고 내려갔다. 그야말로 장관이었다. 여기저기에서 작은 폭포들이 실개천을 이루며 따라 내려왔다. 주위는 온통 물안개가 구름처럼 피어나 입고 간 옷들을 촉촉하게 적셨다. 무딘 마음까지 젖어 들었다. 끼리끼리 모여서 사진을 찍고 그 모습을 담아오기에 여념이 없었다. 그곳에서 나와 황거로 이동했다. 이곳은 일본 천황이 사는 곳으로 경비들이 엄격하게 출입을 통제하고 있었다. 호수 위로 설치된 다리와 앞뜰에 넓게 펼쳐진 잔디가 멋졌다. 소나무는 가지에 수를 놓은 듯 다복스러웠다. 보이는 것마다 애쓴 흔적이 역력했다.

신주꾸에 있는 신도청사를 방문했다. 동경도의 업무를 총괄

처리하는 곳. 해발 243m로 일본에서는 두 번째로 높은 건물이었다. 신주꾸시를 한눈에 볼 수 있는 전망대는 대단했다. 휴일인데도 많은 사람들로 붐볐고 내려다보이는 것들은 장난감처럼 조그맣게 보였다. 신주꾸에 있는 워싱톤 호텔에 여장을 풀고 시내에서 식사를 했다. 허름한 우동집 같은 곳이었는데 규동이라는 일본요리였다. 밥에 볶은 돼지고기를 끼얹은 것이었는데 생강채를 넣었지만 입맛에 맞지 않아 곤혹스러웠다. 저녁에는 신주꾸 거리를 구경했다. 간단한 기념품을 사려고 상점도 기웃거렸다. 자동으로 문이 열리는 일본의 택시도 타보았다. 화폐가치가 너무 차이가 났다. 우리가 쓰는 천 원은 백 원으로 하락되었다. 자주 마셔야 하는 물이나 음료도 너무 비쌌다. 마음이 움직였다가도 하찮은 것이 우리 돈의 열 배라는 생각에 접어버렸다. 다리는 무거웠지만 재미있었다. 조금 다른 것은 그들의 몸에 밴 친절이었다.

3

오와쿠다니 유황계곡을 찾아나섰다. 3,000년 전 산 내부에 갇혀 있던 수증기가 폭발하면서 만들어낸 화구의 일부로 지금도 산 군데군데는 연기가 자욱하게 피어오르고 분지는 숨쉬기가 불편했다. 갑자기 화약 냄새로 호흡이 곤란해 신체에 이상이 생긴 것처럼 민감해졌다. 산기슭에는 마치 바윗돌을 문질렀을 때처럼, 아직도 유황은 끝없이 흘러내리고 있었다. 그곳에서 유황물에 삶은 계란을 맛보았다. 시커멓게 그을려 보기에는 이상했지만 껍질을 까고 먹어 보니 맛있었다.

하꼬네로 이동했다. 망망대해였다. 태어나면서부터 섬에서 살았기 때문일까. 배는 바다 위에서만 뜬다고 생각했는데…. 전혀 호수라고 느껴지지 않았다. 한 시간이나 유람선을 탔다. 바다인지 호수인지 쉽게 분별되지 않았다. 우리가 도착한 곳은 모또하꼬네였다. 늦은 점심이라 모두들 시장했다. 게다가 시간 약속을 지키지 않은 식당 때문에 또 애를 태웠다. 차가 마중을 나온다고 무턱대고 기다리다가 낭패를 본 것이다. 하지만 주인은 상투적으로 미안하다며 머리만 조아렸다. 이곳 점심 또한 먹기 힘들었다. 둥근 채반에 찐 밥이었다. 우리를 기다리느라 마르고 식어버린 탓인지, 아무런 맛을 느낄 수가 없었다. 일행이 들고 간 고추장으로 허기를 면하겠다고 비볐지만, 매운맛만 났다.

이제 신칸센을 타고 교토로 갈 것이다. 역에서 우리들은 타야 할 열차를 기다렸다. 시속200km로 질주하는 열차를 보는 순간 아찔했다. 몸집이 작은 물체가 날쌘 짐승처럼 두 눈에 불을 켜고 달려왔다. 그 모습이 얼마나 맹렬한지 동행했던 여섯 살 아이나 중년을 넘긴 우리도 놀랐다. 우리들은 예약된 지정석에 탔다. 창가로 스치는 일본의 생활상은 검소하고 서민들의 집은 외부장식을 중요시하지 않았다. 논밭이나 비닐하우스도 친근하게 느껴졌다. 도심지에 가까워지니 간판이나 시설물들의 문구는 그들 고유의 문자였다. 우리나라처럼 외래어를 사용하는 상가는 찾기가 힘들었다. 신간센에서 택시에 몇 명씩 나누어 타고 교토로 향했다. 우리가 여장을 풀 곳은 홀리데이인 호텔이었다. 일본 역시 곳곳에 차밭이 눈에 띄었다. 우리나라 녹차 밭 같은 느낌이었다. 아담하게 잘 가꾸어진 푸른 담장을 보는 것 같았다. 작고 앙증맞은 연한 잎새를 달고 초록 물방울이 금방 뚝 떨어질 것 같았다. 그래서일까. 휴게소나 작은 상점에서도 녹차를 많이 홍보하고 있었다. 녹차아이스크림, 녹차떡 그리고 식사에 빠지지 않는 것이 녹차였다. 생산량이 어느 정도인지 홍보가 대단했다. 우리 입맛에 배 버린 서양 차는 눈에 띄지 않았다.

4

금각사로 향했다. 연못 위에 세워진 아담하고 깨끗한 절로 3층짜리 누각에 금칠로 단장했다. 주위의 경관이 수려했다. 특히 조경에 관심이 많은 사람들이 찾는 곳으로 유명하단다.

또 다시 차를 타고 청수사로 향했다. 교토시내의 전경을 감상할 수 있는 가장 좋은 장소였다. 산기슭에 139개의 기둥을 세워 만든 청수사는 가슴이 탁 트이는 경치를 자랑했다. 특히 치아에 좋다고 알려진 약수는 관광객들에게 신비감을 주었다. 경내에 있는 또 다른 약수는 장수한다는 설화가 있어 관광객들의 걸음이 다소 지연되기도 했다. 그 비경을 뒤로 가파른 절벽이 있었는데 그곳에서 간혹 목숨을 버리는 사람들이 있어 일본의 속담이 생겨나기도 했단다. "죽기 살기로 하면 안 되는 것이 없다." 고 했던가. 그곳을 보고 나라로 이동했다.

동대사와 사슴공원이 있는 곳이다. 사슴들이 무리를 지어 다니며 관광객들에게 다가왔다. 먹을 것이 부족한지 처량해 보였다. 우리가 생각했던 여리고 수줍음 많은 꽃사슴과는 거리가 멀었다. 거칠고 냄새가 고약했다. 그곳에 있는 세계 최대의 목조건물, 청동불상은 대단했다. 그 불상을 만들었던 장인이 얼굴을 만들고 귀로 이동해 불상의 콧속으로 나왔다고 전해질 만큼 크기가 임청났다. 저녁에는 오사카로 이동했다. 관서의 워싱턴 호텔이었는데, 신관과 본관이 헷갈려 짐을 들고 몇 번씩이나 왔다갔다했다. 다음날로 우리의 모든 일정은 끝난다. 짧은 시간으로 아쉬움이 많았다.

우리들은 뒤늦게 배운 일본어로 여행길에 나섰던 것이다.

가깝고도 먼 나라라고 알려져 있는 일본의 문화를 알고 싶었다. 내가 사는 고장에는 어렸을 때부터 그들의 잔재가 많다. 되새기고 싶지 않은 역사지만, 그들은 흔적을 남겨두었다. 스며 있는 일어는 아직도 여전하다. 그렇다면 제대로 배워 볼까 하는 생각이 들었다. 짧은 공부였지만, 우리가 잘못 알고 있는 부분들이 생각보다 많았다. 서로를 이해하는 데 가장 필요한 것이 언어가 아닐까. 그들의 문화와 정서도 새로웠다.

여행 일정 동안 내내 즐거웠다. 어떤 모습들이 각인되었는지 알 수 없지만 여행은 많은 것을 생각하게 해주었다. 일상에서 받은 소소함은 기억 저편으로 밀어내었다. 그 자리에 새로운 감각들이 들어와 자고 있는 나를 깨운다. 넓은 우주에 비한다면 자신은, 먼지처럼 작은 티끌에 불과한 것이 아닐까. 기회가 되면 다시 한 번 그들에게 조금 더 다가가고 싶다. 그런 다음 그들을 다시 평가하고 싶다.

불청객

여름이 막바지에 접어들었다. 올해 역시 유난히 기승을 부린 더위였다. 불 같은 폭염 속에 피서지를 찾았던 인파들도 일상으로 돌아오는데, 그제서야 남편은 휴가를 얻었단다. 그것도 단 하루를. 솔직히 이삼 일이나 일주일이면 모를까. 그 짧은 휴가가 마뜩잖았다. 이런 내 맘과는 달리 남편은 가까운 휴양지에 방을 구했다며 조금은 들떠 있었다.

장소는 바닷가에 위치한 아름다운 곳이었다. 가끔씩 스쳐지날 때면 서구적인 풍경이 온통 눈길을 사로잡던 곳이 아닌가. 처음에는 내키지 않았는데 은근히 기대하는 마음도 없지 않았다. 남편은 간단하게 준비하라며 일방적으로 전화를 끊었다. 서둘러야 했다. 휴가지에서 먹을 찬이랑 옷가지를 챙긴다고 바쁜 걸음을 했다. 하루의 보루를 위해 머무를 짐은 생각보다 많았다. 설레는 마음까지 실어 목적지에 도착했다.

매일이다시피 바라보는 바다와, 시원한 바람도 낯선 곳에서의 느낌은 또 다른 멋이 있었다. 드문드문 서 있는 야자수가 외국에 온 기분이 들게 했다. 비치파라솔 밑에는 다정한 연인들의 모습이 영화 속의 한 장면으로 다가온다. 새파랗게 펼쳐져 있는 바다는 하늘과도 맞닿아 있다. 들뜬 마음에 객실로 향했다. 양손 가득 준비한 짐들까지 기대에 부풀어 있었다. "어머나." 방문을 열어젖히니 해안선을 경계로 그곳에도 바다는 펼쳐져 있었다. 작은 어선들은 종이배처럼 떠 있고, 주차되어 있는 차들은 장난감처럼 앙증맞게 보였다. 팽팽하게 맞서가던 세상의 눈높이를 한결 느긋하게 내려놓았다. 그 순간 복잡했던 일상사도 잠시 잊을 수 있었다. 마치 먼 이국땅의 휴양지에나 온 것 같았다.

갑갑했던 마음이 시원해지는 느낌은 잠시였다. 하늘이 잔뜩 흐려지더니 비가 내리기 시작했다. 장맛비였다. 여름 장마는 소등을 탄다고 했던가. 잠시 내리고 나면 하늘은 더 높고 다시금 맑아지겠지. 해안길로 접어들 때 바라보았던 산은 등성이마다 싱그러움으로 가득 차 있었다. 상큼한 미풍은 나의 심장 깊은 곳까지 파고들었다. 잠깐 동안이었지만 호사를 누렸다. 하지만 비는 쉽게 그칠 것 같지 않았다. 언제 몰려왔는지 시커먼 구름이 커튼처럼 드리워져 있었다. 빗방울은 손 쓸 틈도 없이 방안으로 흘러들었다. 순식간에 일어난 일이었다. 창문으로 들이닥치는 것은 강한 빗줄기였다. 닫을 틈도 주지 않았다. 이내 남편을 찾는 전화까지 걸려왔다. 함께 휴식을 취하자던 남편은 직장으로 달려갔다. 재해 비상근무였다. 하필이면 남해안 지역이 태풍의 영향권에 들어 있다는 기상청의 경보였다. 우리들의 휴가에 느닷없는 불청객이 찾아온 것이다. 어제까지 맑았던 날씨가 갑자기 돌변하면서 바람소리는 온통 공포의 도가니였다.

휘몰아치는 바람은 창문을 집중 공격했다. 비바람은 위력이 대단했다. 덧댄 천장이 소리를 내며 떨어져내렸다. 투명한 유리창이 깨지는 소리에 객실 여기저기에서 비명소리가 들려왔다. 건물마저 쓰러뜨릴 것 같았다. 한순간에 폭우로 변해버렸다. 이내 어둠이 함께 찾아들었다. 갑자기 전등이 꺼져버렸다. 아식 객실의 구조를 익히지도 못했는데 전기마저 끊어져버렸으니 아무것도 할 수가 없었다. 주위는 암흑으로 변해버렸다. 이곳저곳에 설치했던 구조물들이 바람을 타고 돌아 다녔다. 허공으로 날아다니다가 돌진할 것 같은 공포가 더 무서웠다.

주차되어 있던 차들도 바람에 의해 제멋대로 움직이고 있었다. 그렇게 무거운 차들을 움직이는 것은 사람의 힘이 아닌 강풍이었다. 그 기세가 대단했다. 집도 무너뜨리고 모든 것을 삼켜버릴 것 같은 태풍이었다.

자연의 재해 앞에서는 속수무책이었다. 거친 바람에 언제 기습을 당할지 알 수 없었다. 또 다시 유리창 깨지는 소리가 비명과 함께 들려왔다. 내가 머물고 있는 객실도 더 이상 안전지대가 아니었다. 바람의 급습이 무서워 견딜 수가 없었다. 여름 휴양지로 각광받던 리조트가 아수라장으로 변하고 있었다. 복도에서는 사람들의 웅성거림만 들려왔다. 얼떨결에 내다보니 그 모습은 피난민들을 방불케 했다. 피서객들은 양손 가득 짐을 들고 비상구로 향했다. 어느새 나의 발길도 앞선 사람들을 따라가고 있었다. 얼마나 왔을까. 한참 후 비로소 땅으로 내려왔다는 안도감이 들었다. 어렴풋이 새벽이 오고 있었다. 모처럼 해변에서의 시간을 준비했던 피서객들이나, 나 역시 마음고생이 심했다. 하지만 큰 불상사 없이 귀가할 수 있는 것만으로 마음을 달래야 했다. 공포에 떨며 불청객과 함께 보낸 그 휴가는 내내 잊을 수 없을 것 같다. 남해안을 강타한 태풍 매미의 일생이었다.

울릉도에서

작은 섬이 달빛에 젖어 있었다. 그 순간 탄성을 질렀다. 낮에는 볼 수 없었던 반딧불이처럼 형광의 빛을 머금고 있었다. 섬을 이루고 있는 나뭇가지와 풀숲 바위 끝에는 조각조각 형언할 수 없는 신비로움으로 가득했다. 달은 오래도록 그곳에만 머물고 있었다. 고요와 석막에 바다도 잠이 들었다. 참 아름다운 밤이었다. 섬에 살았지만 그렇게 환상적인 밤은 처음이었다.

이번 관광은 울릉도로 결정되었다는 연락이 왔다. 섬으로 간다는 사실에 설렘보다는 걱정이 앞섰다. 배 멀미에 시달릴 생각을 하니 아득하게 느껴지기까지 했다. 출발부터가 부담으로 다가왔다. 꼭두새벽부터 집을 나서야 했는데 하필이면 폭우가 쏟아지고 있었다. 서너 시간을 달려가니 파도는 높게 일렁이고 있었다. 하지만 나의 생각은 기우였다. 많은 관광객들로 붐비는 항에는, 우의를 입은 승객들이 표를 구하느라 정신이 없었다. 우리 역시 예정대로 표를 받아 자리를 잡았다. 우천이었지만 관광객을 실은 배는 만원滿員이었다.

날씨에 따라 항해 시간도 다르단다. 출렁거리는 파도 때문에 뱃길이 험난했다. 출발한 지 얼마 지나지 않아 멀미를 하는 승객들로 혼란스러웠다. 불편함을 견디지 못해 화장실을 찾는 행렬은 끝이 보이지 않았다. 아예 바닥에 누워버린 사람들도 눈에 띄었다. 벌써부터 괴로워하는 승객들을 지켜보며 걱정이 앞섰다. 나 역시 배 멀미가 심한 편이라 그 모습들이 예사롭지 않았다. 애써 기분을 조절하며 지루한 시간들을 달랬다. 미리 멀미약을 붙였지만 순간순간 고통을 참아야 했다. 섬을 찾아가는 길은 불편한 속내 때문에 지루했다. 낯선 고장의 풍경들이지만 분위기에 도취될 수가 없었다.

이를 악물고 참았다. 삼삼오오 마주앉아 잡담으로 소일했지만, 시선은 저 멀리 수평선을 향한 채 마음을 분산시켰다. 내내 바라보았던 바깥풍경도 어느새 시들하게 느껴졌다. 얼마나 시간이 흘렀을까. 뱃전에 나가 있던 관광객들이 소리쳤다. "야 울릉도다." 그 말에 뱃전으로 나가 보았다. 눈앞에는 어느 새 신천지 같은 세상이 펼쳐져 있었다. 배는 파도를 타고 엉금엉금 다가갔다. 정말 듣던 대로 너무나 아름다운 섬이었다. 마중나온 도동항은 참 인상적이었다. 동해안에서는 유일한 섬이 아닌가.

그 섬에서 이곳저곳을 구경했다. 천혜의 비경에 감탄하는 것도 잠시, 밤이 왔다. 어떻게 우리가 온 것을 알았을까. 바람도 함께 뒤따라왔다. 강풍은 우리가 묵은 여관을 밤새도록 강타했다. 바람에 집이 날아갈 것만 같았다. 잠은커녕 불안한 밤을 보내야 했다. 그래도 날은 밝았다. 이 풍랑에 과연 배가 뜨기나 할까. 집으로 돌아갈 일이 걱정이었다. 아침이 되어 항을 내다보니 바다의 기세가 대단했다. 높은 파도가 섬까지 할퀴며 덤벼들고 있었다. 정박해 있던 큰 배들도 바람을 이기지 못해 심하게 요동치고 있었다. 나의 추측이 현실로 다가오고 있었다.

처음부터 섬에 가는 것을 주저했다. 바다를 건넜다가 되돌아오는 여정이 언제나 두려웠다. 옛날부터 섬은 막막하고 외로운 곳으로만 여겨졌다. 학창 시절 육지에서 전근오신 선생님들은 유배지流配地라며 서글퍼하셨다. 꿈 많은 소녀적이었다. 뭍으로의 나들이 때면 해상에는 폭풍주의보가 내렸다. 길은 항상 바다로만 열려 있어 스스로 택한 길도 갈 수가 없었다. 들떴던 마음은 사라지고 되돌리는 발걸음은 언제나 풀이 죽어 있었다. 무슨 연유이던가. 전환기 때마다 심술궂은 파도는 내 발길을 묶어버렸다. 섬에서 나고 자란 오십 년의 성상이 나를 그렇게 키웠다. 내 자신 바다 가운데 떠 있는 섬이 되었다. 자신은 다가갈 수도 없고 그들이 오기만을 기다리는 영원한 고도孤島다. 그들은 나를 향해 수시로 수심을 살펴보고 낚싯대를 드리운다. 미끼를 던지고 자신들만의 이상을 물색한다. 한바탕 휘젓고 가면 그들이 할퀴고 간 상처로 가슴앓이를 한다. 그럴 바에 차라리 외로움이 나았다.

우리 역시 섬에 발을 내딛는 순간부터 환상을 좇았다. 신기루를 찾는 것처럼 부풀어 있었다. 그것도 잠시, 숨가쁜 탐색전이 끝나면 우리 역시 평상심을 되찾는다. 섬은 단절됨으로써 그 진가를 보여주는 것이 아닌가. 대자연에만 동화되고 그때서야 비로소 빛을 발하는 원시적인 섬, 내 자신 그런 섬이다. 울릉도를 다녀오며, 잠시 떠나 있던 섬으로 또 다시 귀향한다. 뭍을 지나쳐 돌아오는 길은 언제나 아쉬움으로 남지만, 잠시 그때뿐이다. 내가 안주하며 나를 지켜온 변함없는 나의 섬에 갈매기 몇 마리가 날갯짓을 한다.

어떤 불씨

가을을 재촉하는 빗속에서 시상식이 있었다. 시민의 뜻으로 수여하는 큰 상이었다. 우중雨中이었지만 많은 사람들이 축하해 주었다. 행사를 마치고 자리를 옮기다 보니 점심이 늦어졌다. 축하객으로 참석했던 우리는 시장기를 느꼈다. 이내 맛있는 성찬이 나왔지만 수저를 들고 식탐을 할 분위기가 아니었다. 뭔지 모를 진지한 분위기가 감놀아 숙연하게 했다. 오빠의 수상식에 칠순을 넘긴 여동생이 자리를 함께 했다. 그 곁에 역시 동년배의 여인이 다소곳하게 앉아 있다. 두 분의 표정은 기쁨으로 가득했다. 가끔씩 수줍은 기색도 엿보인다. 동기간의 정도 남달라 보여 뵙기에 좋았다. 감회에 젖어 도란거리다가 중간중간 감탄사가 흘러나온다. 도대체 무슨 사연인데 저렇게 진지할까.

이야기는 오십 년 전으로 거슬러가야 한다. 세월은 망각의 강을 건넜는지 어느새 전쟁발발 반세기를 넘었다. 오늘 시민상의 주인공은 역사의 증인이시다. 당시, 젊은 패기와 사명감으로 넘치던 국군장교였다. 난세를 적당히 외면할 수가 없었단다. 피난민 수용소에서 누구보다 적극적인 자세로 그들에게 빛으로 다가갔다고 한다. 모든 것을 등지고 봇짐만을 지고 남으로 내려온 그들에게 남녀노소가 따로 없었다. 열악하기만 한 외딴 섬. 기슭마다 그들로 넘쳐나 운명이라고 하기에는 너무나 가혹했다. 척박한 땅에 뿌리가 드러난 나무처럼 위태로웠다. 가족과도 뿔뿔이 헤어진 이산가족은 또 얼마일까. 전쟁은 삶과 죽음. 그 혼란의 시기였다. 처절하리 만큼 절체절명의 위기였단다. 지켜보는 모두가 돌봐주어야 할 대상자가 아니었을까.

그들 중에서도 미모와 지덕을 겸비한 홀홀 단신의 처자를 만났단다. 인간적인 측면에서조차 그냥 바라볼 수만은 없었다. 타인의 위기 앞에 강한 척했지만, 마음은 연민으로 변했다. 그것은 이성으로 향하는 불꽃 같은 연정이었는지 모른다. 자신에게만 주어져 있는 화평함과 안온함이 도리어 미안했단다. 가족이나 집, 내 삶터는 어느 것 하나 부족한 게 없었지만, 처자에게 베풀 수 있는 것은 오직 안타까워하는 마음뿐이었다. 반듯하고 참한 처자가 자꾸만 눈에 밟혔단다. 지켜주고 싶은 게 솔직한 마음이었다. 두 사람의 마음은 이내 활화산처럼 타올라갔다. 사랑에는 국경도 없다고 하지 않던가. 피난지에서, 맑고 영롱한 꽃을 피웠다. 아름다운 청춘 남녀의 사랑이었다. 하지만 서로를 간절히 원하는 눈빛도, 뜨거운 마음도 접어야 했다. 당사자들의 열정만으로는 부족했을까. 어머니만큼은 거역할 수가 없었다고 한다. 끝내 이루지 못할 사랑이 되고 말았다.

시간 가는 줄 모르고 그 시절로 이어진다. 담담하게 말씀하시는 것을 보니 세월은 참 무심했다. 고운 자태에서 함경도 말씨는 그림자처럼 따라 나서고. 막내 여동생은 몇 번이나 놀라워했다. 자꾸만 우리 어머니는 그러실 분이 아니라며 손사래를 친다. 그 모습은 꼭 어린 소녀의 말투처럼 단호하다. 그 당시 어머니는 시대를 앞서가던 분이라고 회상하셨다. 그랬던 어머니였지만 아들의 방황 앞에서는 어쩔 수 없었던 게다. 하긴 결혼적령기에 있는 아들이 북에서 내려온 아가씨를 마음에 두고 있었으니. 그 마음인들 오죽했을까. 아들의 마음을 바꾸는 것도 쉽지 않았나 보다. 어머니의 반대는 극에 달했고 아들을 찾는다며 수시로 처자의 집을 급습했단다. 그녀 역시 자신으로 인해 반목되는 아픔만큼은 차마 볼 수가 없었단다. 차라리 사랑을 단념하는 게 모자母子를 위한 길이라며 떠나는 것으로 일단락되었다. 인생의 서막을 장식했던 파노라마는 끝이 없다. 우리는 희미해진 영상물을 떠올리다가 때로는, 청춘의 그림자를 쫓는 철부지가 되었다. 슬슬 그들의 눈길을 훔쳐보면서 솔직히 부러워했다. 아직까지도 각인되어 있는 것은 젊을 때의 낭만이었다. 이상과 현실 속에서 방황하던 풋풋함이 엿보였다. 사랑은 늙지 않았다. 오빠의 여인(?)에게 그렇게 마음고생이 있었던 줄, 어린 여동생은 알 수 없었다.

세월이 흐른 지금도 고운 자태를 지니고 있는데, 그 마음은 얼마나 서로를 그리워했을까. 아직도 애틋한 마음으로 서로를 바라보는 눈길은 청춘에 머물러 있다. 거부할 수밖에 없었던 과거를, 세월은 칠순을 훌쩍 넘기고 난 뒤에야 자리를 베풀어 주었다. 아린 마음으로 가슴에 묻어두고 흘러간 세월이었다. 남남이 되어 다들 가정에 지아비가 되고, 지어미가 되어 잊어버리고 산 오십 년이었다. 가끔씩 흘러간 옛날이 생각나도 서로의 가정에 누를 끼치는 것은 아닐까 했단다. 행여나 하며 이름 석 자를 찾으며 살아있기나 할까. 그리움의 나날이었다.

그런데 기적 같은 일이 일어났다. 지인을 통해 생존해 있음을 확인했다. 떨리는 마음으로 통화가 이루어지던 날. 흥분되었던 가슴은 이루 말할 수가 없었단다. 옛날 그렇게 멋있던 청년은, 저 세상에 부인을 먼저 보냈단다. 아름다웠던 처자는 영감님을 떠나보내었단다. 두 분 역시 반려자를 잃은 외로움에 젖어 있었기에, 우연의 일치라고 하기에는 부족했다. 어쩌면 분명한 필연이 아니었을까. 이심전심이었단다. 할머니는 자신의 아들 딸에게 이 사실을 전했단다. 자식들에게 그 당시, 만약 너희들한테 부끄러운 부분들이 있었다면 지금 이렇게 할 수 없었을 거라는 말씀도 하셨단다. 할머니는 반듯한 성품마냥 그야말로 곱게 인생을 채색하고 계셨다. 할머니가 오신다는 전갈을 받으면, 며칠 전부터 설렘으로 가득하시단다. 사랑하는 여인이 버스에 몸을 실은 그 시간부터 정류장에 나와 계신다. 세월에 밀려 겉모습은 퇴색되어 가지만, 속마음은 청춘이셨다.

솔직히 그들의 사랑이야기를 듣는 순간 회의가 일었다. 가슴에는 아직도 저토록 질화로 같은 온기가 그대로 남아 있는데, 삶의 실체는 과연 사랑이었을까. 이것도 저것도 아닌 책임과 의무였을까. 어느 구절에 쓰여져 있는 문구가 생각났다. "불같이 뜨거운 남녀의 사랑도 세월이 지나면 우정처럼 되거나 잿더미처럼 냉랭해진다." 그런데 그 말이 무색했다. 두 분의 모습은 조금도 변함이 없었다. 너무나 행복한 모습이었다. 청춘남녀와 조금도 다를 바 없었다. 은근히 질투가 났다. 서로를 지켜주는 뜨거운 사랑의 눈빛을 보았다. 가슴에는 불꽃 같은 열정이 가득했다. 그것은 분명 사랑이었다. 사랑은 영원히 늙을 줄을 몰랐다. 비는 어느새 갰다. 산등성이에는 오색 무지개가 떠 있었다.

6월의 상처

망루에는 모형의 병사가 총을 겨누고 있다. 언제쯤이면 그 총기를 거두고 영원한 안식을 취할까. 세월이 흘러도 병사는 늙지 않고 아픈 과거 속에 머물고 있다. 울타리 너머 포로수용소 유적관은 오늘따라 학생들로 붐빈다.

나는 하루에도 몇 번씩 유직관 광장을 바라본다. 그곳은 우리 집의 이웃에 있어 방문을 열면 마치 앞마당처럼 훤히 보인다. 연일 전국에서 몰려드는 관람객을 태운 자동차들의 경적소리며 인파들의 두런거리는 소리까지 들린다. 유치원 아이들로부터 연세가 지긋한 노인들에 이르기까지 남녀노소가 따로 없다. 무엇이 이토록 그들의 마음을 움직인 것일까. 그것은 분명 민족적 비극이기 때문이다. 언젠가 유적지를 둘러본 어르신은 연신 눈물을 글썽이며 지난날을 회상했다. 젖은 눈은 붉게 충혈되었고 말을 채 잇지 못했다. 구사일생으로 살아난 경험담을 말씀하시며 아픔의 역사를 되새기고 있었다.

이것은 고요를 깨고 북한이 남침을 시도했던 민족상잔의 비극이다. 남북이 서로 대치되면서 서로의 가슴에 총부리를 겨누었던 동족 간의 전쟁이다. 인천상륙작전과 1·4후퇴를 거쳤지만 여전히 전쟁은 끝나지 않고 휴전으로 머물러 있다. 당시 전쟁을 경험했던 세대들의 피맺힌 눈물은 아직도 마르지 않았는데 무심한 세월만 흘렀다. 비극은 비극으로 끝나는 것이 아니었다. 이렇듯 가로막힌 철조망과 가슴속 깊은 상처는 누가 어루만져줄 수 있단 말인가.

그해 가을, 유엔군이 거제도에 포로수용소를 설치하게 되었다. 섬이라는 지형은 최적의 요새要塞였다. 국군과 유엔군의 강력한 반격과 공세에 밀려 많은 북한군이 투항하여 생포된 포로들이다.

이곳 유적관에 들어서면 거대한 탱크가 눈길을 사로잡는다. 북한군이 남침을 감행할 때 선봉에 섰던 소련제 탱크다. 그 탱크 속으로 들어서면서 6월의 실체를 알게 되고, 한국전쟁의 주역들을 만날 수 있다. 물론 모형물로 만들어진 것이지만 영원히 함께 살아 있는 증인들이다. 세계 단일 디오라마관으로서 거제도의 명산인 계룡산 기슭에 널따랗게 펼쳐져 있다.

포로들이 생활했던 삶터에서는 재봉틀을 돌리고 밥을 하면서도 포로들의 이념적 마찰은 날로 증폭되어갔다. 급기야 포로 간의 처절한 학살과 폭동이 일어난 현장도 재현되어 있었다. 동포가 서로 총부리를 겨누던 총기들도 유물처럼 보관되어 있었다. 애타던 절규도 함께 녹슬어 침묵 속에 빠져 있었고, 먼지 같은 세월의 더께만 차곡차곡 쌓여 가고 있었다. 무기가 무력해질 즈음이었다. 이제는 솟구치는 감정들을 쓰지 않고서는 배겨날 수 없었던 전쟁문학이 선을 보였다. 생사의 갈림길에서도 평화를 갈망하던 함성이었다. 상처에서 건져 올린 것이 문학이라 하지 않던가. 흔히들 문학은 삶의 여유로움에서 찾아지는 것이라고 했지만 개개인의 풍요와는 상관없이 증언하고 있었다. 이미 표지가 닳아버려 너덜거리는 서직이었지만 그 진가眞價는 대단했다.

그것만으로는 부족했다. 순간을 영원으로 기록해 두었던 영상이 있었다. 한국전쟁을 상징하는 폭격의 참상은 그야말로 처참했다. 울부짖는 어린아이들의 얼굴에는 비통함만 서려 있는 것이 아니었다. 경악하던 찰나의 이그러지는 표정까지도 세세하게 담겨 있었다. 만삭의 몸으로 지아비를 찾아나선, 넋이 나간 듯한 여인들의 참담함은 포로들의 참상보다도 더 혹독하고 가혹했다. 카메라의 셔터도 분명 숨이 찼을 것이다. 사진은 차마 놓칠 수 없는 유월의 아픔을 여과 없이 전하고 있었다.

폭파된 대동강 철교를 타고 자유를 향해 피난길에 오르는 처절한 모습의 형상이며, 한국전쟁의 발발에서부터 휴전선에 이르기까지 치열했던 전쟁의 주요 과정도 모형화되어 있다. 유적지를 찾은 관람객들은 다시금 동족 간의 아픈 역사를 되새겨보지 않았을까.

또 다시 눈길은 광장을 향한다. 소소리바람에 유엔기가 펄럭인다. 참전용사를 상징하는 깃발이다. 평화를 위해 희생되었던 먼 나라의 젊은 영혼들에게도 숙연한 마음이다. 사람들의 움직임도 한결 한산해졌다. 주차장을 방불케했던 차들도, 숨가쁘게 달려왔던 관람객들도 떠나갔다. 어둠이 밀려드는 유적관은 적막감에 휩싸인 채 잠들었다. 고요 속에 묻혀 침묵하고 있지만, 그곳은 영원히 지워지지 않는 상처로 남아 있을 것이다.

‖ 작품해설 ‖

여성적 삶의 전통적 가치, 그 형성화
– 정순애의 수필세계

강 희 근
(평론가, 경상대 명예교수)

1

수필가 정순애의 수필은 여성적이다. 작가가 여성이면 응당 여성적일 것이다. 그러나 여성 수필가라 하여 모든 수필가가 여성적 삶의 내질을 그 나름의 가치로 밝혀내는 수필가는 흔치 않다. 정순애는 그 흔치 않은 자리에 놓인다.

확실히 정순애는 전통적인 삶에서의 부덕婦德을 지니고 조용히 그 실현을 위해 애쓰는 작가다. '빨래터' 풍성이나 아내지의 지붕 이기 이야기나 시어머니에 대한 관찰, 다림질에 얽힌 이야기, 밥이나 반찬 만들기에 대한 노력의 일단 등이 그런 소재이자 지향에 속한다.

2

정순애 수필의 형식은 온건하지만 '화제 제시 → 구체화 → 변용 → 결'이라는 기승전결이다. 이른바 정석 수필인 셈이다. 〈빨래터〉를 가지고 그 단계를 확인해 보자.

① 내 살던 동네에 큰 냇가가 있었는데 거기서 부녀자들이 빨래를 했다.

② 빨랫돌이나 좋은 자리다툼이 있었다.

③ 세탁기 시대에 와 빨래 방식이 달라졌지만 나는 자주 대야를 놓고 손빨래를 한다.

④ 빨래를 하면서 내 자신을 씻어내는 마음의 빨래가 소중하다는 생각을 한다.

이 이야기는 빨래터를 소재로 진행되는데 '기'에서 냇가 빨래터를 소개하고 '승'에서 여인들이 빨랫돌이나 좋은 자리를 선점했던 이야기를 하고 '전'에서 세탁기 시대의 빨래 이야기를 하고 '결'에서는 깨끗이 하려는 마음을 일상에서 가져야 한다는 마음 다지기를 하고 있다. 이야기는 이야기가 드러낼 수 있는 기본적인 틀에 충실하고 있다. 그것은 작가가 삶의 정서나 가치관에서 반듯하다는 말에 다름 아니고, 여성이 여성 바깥의 어떤 효과나 부풀리기를 시도하지 않는다는 뜻에 다름 아니다.

정순애는 언어에 있어서도 수분守分을 지키는 정직한 것으로 메시지에 충실한 쪽으로 기술되고 있다.

① 추운 겨울이 오기 전에 지붕을 이는 것은 아버지의 연례행사였다. 가을걷이가 끝나면 마당 한쪽에는 벼를 수확한 짚들로 가득 차 있었다. 짚둥우리로 채워진 공간에 이엉을 엮는 아버지의 바쁜 손길이 느껴졌고, 서걱거리는 볏짚들의 속삭임도 있었다. 아버지는 짚을 헤아리지도 않으면서 똑같은 크기로 이엉을 엮어 나갔다. 나는 그것이 참으로 신기했다.

– 〈액자 속의 풍경〉 서두 부분

② 매사가 그렇다. 꼭 시원찮은 왼손 같은 자신이 따라 나섰다가 낭패를 당한다. 세상은 영악한데 어설픈 동작은 따라다니며 상처를 남긴다. 인간관계가 처음부터 분기점을 정해놓고 살아가는 것도 아니다. 거리를 두고 논하기 이전에 한번 맺어진 상황은 만사를 어렵게 하는 것을. 그렇다고 해서 인간 관계를 무 자르듯 쉽게 끊어 버릴 수도 없다. 마치 왼손 오른손을 격리시킬 수 없듯이 말이다.

– 〈왼손〉 중에서

①은 '아버지의 지붕 이기'를 소재로 쓴 〈액자 속의 풍경〉 서두이다. 비유가 한 번 쓰여지고 있다. '서걱거리는 볏짚들의

속삭임'이 그것인데, 그것도 상상의 벼랑으로 오르는 비유가 아니다. 차근차근 추억의 한쪽을 짚어내면서 풍경의 실마리를 풀어 준다. ②는 〈왼손〉의 역할에 대한 이야기 중에서 중간 부분을 인용한 문장이다. 왼손의 상처 다음에 생각해 보는 인간 관계 상처에 대해 기술하고 있는데 차근차근 설명해 간다. 빠트릴 수 있는 부분을 빠트리지 않고 챙기는 기술이며 그것은 온당한 삶을 살아가는 사람의 일정량의 사색인 것이다.

언어가 문학적 지향으로서의 지나친 물굽이를 만든다거나 흔든다거나 낯설게 하기의 전략을 선택하지 않는 것이 어쩌면 정순애의 전략이라 해도 틀리지 않는다. 그것은 말할 것도 없이 평상심의 표현이기도 하고 수분을 지켜 삶을 윤리적으로 완성하고자 하는 언어적 실현이기도 한 것이다.

3

정순애의 수필세계는 주부로서 살아가는 삶의 세계가 그 중심에 놓인다. 그 중심 바깥에 유년 시절의 추억이나 시어머니 이야기, 집안에 키우는 벅수 이야기, 소리의 굴레를 지우는 손전화 이야기 등이 이어지는데 그것들은 다 중심 주제에 종적으로 걸려 있는 주제라 할 수 있다.

주부로서 살아가는 삶에 있어서 부엌일이 할 일의 기본에 속한다고 볼 때 정순애의 〈때로는 소꿉놀이처럼〉이 중요하게 읽힌다. 그리고 전체 수필 가운데서 가장 무게가 실려 있는 작품임이 드러난다.

한식위주로 사는 우리 집의 식단은 주로 한정되어 있다. 밥과 국, 김치가 기본이므로 별다른 특징은 없다. 매일 차리는 밥상이지만 거의가 비슷하여 뭔가 색다른 요리가 없는지 찾아보는 것이다. 그래서인지 이웃들과 만날 때마다 나는 주로 찬거리 이야기를 많이 나누곤 한다.

그러던 어느 날인가. 나는 우연히 인터넷으로 내가 찾고 있는 세상을 접한 것이다. 그 속에는 내 궁금증을 풀어줄 온갖 요리가 다 들어 있었다. 내 마음은 소꿉놀이 시절로 돌아갔다. 풀잎을 짓이겨 예쁜 조개껍데기에 담아내던 옛날처럼 즐거웠다. 나는 틈만 나면 우리 가족의 입맛에 맞는 합리적인 음식을 찾아 돌아다녔다. 그러면서 남의 부엌을 엿보는 일은 나의 주관심사였다. 그 속에서 여인들의 알뜰함과 지혜로움까지 들여다볼 수 있으니 흥미로운 일이었다.

같은 재료이지만 다른 가정에서는 어떻게 준비를 하는지도 궁금했다. 그럴 때마다 나는 메모지나나 깨알처럼 적어놓고, 설레는 마음으로 요리를 하곤 했다. 기본이 되는 양념장에서부터 요리에 이르기까지 응용을 하는 일은 참으로 재미있었다. 또한 그 안에는 상식적인 것도 많았다. 알면서도 실행하지 못하고 더러는 잊어버릴 수 있는 것도 꼼꼼하게 들어 있었다. 그래서 나는 그것 역시 메모지에 옮겨 놓았다. "소금이 설탕보다 알갱이가 작아 재료에 잘 스며든다. 소금을 넣은 뒤 설탕을 넣으면 단맛이 재료에 잘 스며들지 않는다. 간장 역시 마찬가지다. 설탕부터 넣어야 단맛을 낼 수가 있다. 휘발성이 있는 식초는 조리 과정의 후반부에 넣는다. 향과 풍미가 중요한 간장과 된장은 지나치게 가열하면 고유의 맛을 잃게 된다. 불고기 양념을 할 때도 순서가 중요하다. 참기름을 먼저 넣으면 다른 양념이 고기에 스미는 것을 방해한다." 등이다. 지극히 상식적인 것인데도 나는 순서를 잊어버릴 때가 많다. 음식을 만들어 놓고 난 뒤에 항상 느끼는 아쉬움이 아니었던가.

— 〈때로는 소꿉놀이처럼〉 중간 부분

따옴 부분은 전체 짜임 중에서 기승전결의 '전'에 해당하는 대목이다. '기'는 처녀 시절 할머니댁에 가서 '밥하기'를 배웠다는 내용이고 '승'은 아울러 '반성하기'에 대한 의식을 일깨웠다는 내용이다. '전'은 3개의 도막으로 나뉘는데 인용 부분이 그 '전'의 앞 두 도막에 속한다. 인용한 앞 토막은 인터넷을 통해 반찬 만들기를 시도했다는 내용이고 뒤 토막은 남의 집을 방문하여 반찬 만들기에 대한 노하우를 축적했다는 것이다. 그리고 인용되지 않는 '전' 셋째 토막은 전분 만들기에 관한 내용이고 그리고 그 뒤에 '결'이 따르게 된다.

인용 앞 토막에서 주목되는 대목은 수필 제목과 관련되는 부분이다. “내 마음은 소꿉놀이 시절로 돌아갔다. 풀잎을 짓이겨 예쁜 조개껍데기에 담아내던 옛날처럼 즐거웠다.”는 것이다. 인터넷의 식단 차리기 실습 광경을 보면서 그것을 순서대로 실천해 보는 수필의 화자가 소꿉놀이 시절로 돌아가고 풀잎을 짓이겨 조개껍데기에 담아낸다는 것 아닌가. 반찬 만들기를 의무로만 생각하는 것이 아니라 꿈 꾸듯이 예행 연습했던 소꿉놀이의 그때를 오늘의 실천에 투사해낸다는 것이다. 말하자면 삶을 의무나 인종의 우리에 가두어 놓은 것이 아니라 의무의 우리를 뛰어넘는 즐기는 것, 행복해지는 것으로의 삶으로 승화시켜 놓고 있다. 이 점이 정순애 수필의 깊이라 할 수 있다.

그리고 따옴 둘째 토막에서도 그 점이 심화되어 나타난다. “나는 메모지마다 깨알처럼 적어 놓고, 설레는 마음으로 요리를 하곤 했다.”에서 ‘설레는 마음’이 주목된다. 소꿉놀이가 ‘설레는 마음’으로 이어져 주부로서의 할 일인 반찬 마련하기가 행복감에 젖어 있음을 표현하고 있는 것이다. 이것은 정순애가 한 작가이기 이전에 여성이고 여성이기 이전에 부성婦性을 닦는 나름대로의 부도婦道의 경지에 이르고 있음을 엿보게 한다.

그러나 그 부도의 외길에는 슬픔의 뒤안길이 있었음을 드러내기도 한다.

어머님은 평생 아들만 사랑하셨다. 다른 누구는 가슴에 담지 않았다. 비목어처럼 외눈박이 눈먼 사랑이었다. 삶이 그러했던가. 고운 얼굴의 어머님은 더 이상 여자가 아니었다. 남자들이 하는 일도 어머님은 거침이 없었다. 혼자 살아온 삶이 언제나 위기였을까. 삶터로 달려나가는 전사 같았다. 전투복의 근엄한 표정처럼 어머님의 웃는 모습을 뵌 적도, 말씀 또한 없으셨다. 당연히 며느리인 나에게도 마음을 열지 않으셨다. 가난했던 신혼 때였다. 입덧 때문이었을까. 새콤한 풋사과가 유난히 먹고 싶었다. 빠듯한 월급으로는 그것마저도 사치였다. 마침 어머님께서 남편의 생일상에 큰 사과 몇 개와 작은 것 몇 개를 사오셨다. 속으로 얼마나 기뻤는지 모른다. 이제나 저제나 하며 사과 먹을 생각으로 부풀어 있을 때였다. 어머님은 출근하는 남편에게 "얘야, 크고 좋은 사과는 너가 먹어라."고 하셨다. 그 순간 얼마나 서러웠는지 모른다. 모든 것이 낯설고 여의치 못한 탓에 섭섭함은 더했다. 내 마음은 언제나 한파에 드러난 맨살처럼 춥고 한기가 왔다.

– 〈외눈박이 사랑〉 중에서

시어머니의 아들 사랑이 거의 맹목에 가깝다는 것을 읽을 수 있다. 일찍 혼자가 되어 '삶터로 달려나가는 전사' 같이 남자가 할 수 있는 일을 도맡아 해내면서 오로지 사랑은 외눈박이로 아들에게게만 퍼부었던 시어머니, 그 시어머니 밑에서 살았던 화자의 지나온 삶은 가시밭길이라 하여 틀리지 않을 듯하다. 작은 배려에도 큰 사랑을 느낄 수 있었을 것이지만 손자를 밴 며느리에 대한 배려는 섭섭하게도 전혀 주어지지 않았다. 그것을 일러 작가는 '한파에 드러난 맨살처럼 춥고 한기가 왔다.'고 말하는 것이다.

그런데도 삼십 년의 세월은 무엇일까? 강산이 세 번이나 변한다는 짧지 않은 성상이다. 나를 지탱하게 해 준 것은 새삼, 자식의 눈에 비친 어머니라는 도리가 아니었을까. 때론 자신의 안온함에 흔들릴 수도 있으련만 강철같이 강한 모성으로 그 자리에 서 있다. 오직 분신 같은 자식뿐이다. 자신의 삶보다는 서른의 나이에 홀로 된 삶을 자식을 위해 바쳤다는 사실이다. 행상을 하며 자식들을 섬에서 넓은 세상으로 보내 학문을 깨닫게 한 것도 그렇다. 마음의 문을 열어 당신 안에 누구를 맞아들인 일이 없으니 모든 것을 내가 허물어야 했다. 얼마든지 새로운 길을 갈 수도 있었으련만 자신을 지켜나산나는 세 쉬운 일이겠는가. 자식에게 언제나 미안하다는 어머님. 방 한 칸도 마련해주지 못했다는 죄책감은 평생 지울 수가 없단다. 자식에게 부담 주지 않는 마음은 언제나 한결같다. 남의 자식들과 비교하지 않는 어머니가 많지 않다. 연세가 들면 애기가 된다지만 아직은 올곧다. 나를 낳아준 어머니에게서조차 느끼지 못했던 경의敬意다. 그래서일까.

이제 나에게 그렇게 약속했던 어머님이 측은하다. 뒷자리에서 아까부터 병원비에 대해 물으신다. 신경 쓰시지 말라고 해도 조금 가다가 또 많이 나왔지 않느냐고 물으신다. 이번에는 정확한 금액이다. 엉겁결에 나도 모르게 "예."라는 말이 튀어나왔다. 집에 도착하자마자 속곳 깊숙이 든 쌈지를 풀어 들이미신다. 내가 너희들 성가시게 해서는 안 된다는 원칙이다. 예나 지금이나 변함이 없다. 외눈으로 가린 시야가 갑갑하신데도 안대를 풀기보다는, 단호하게 분명한 셈을 먼저 치르는 어머님. 당신은 분명 외눈박이 사랑이셨다.

— 〈외눈박이 사랑〉 중에서

그런데 삼십 년의 세월은 시어머니에 대한 앙금을 풀어 주었다. '홀로 된 삶을 자식을 위해 바쳤다는 사실', '섬에서 넓은 세상으로 보내 학문을 깨닫게 한 것', '자식에게 언제나 미안하다는 어머님', '남의 자식들과 비교하지 않는 어머니' 등의 올곧은 자식 사랑에 이제는 경의를 표하게 되었다는 것이다. 그래서 지금은 어머님이 측은하게 보였다는 것 아닌가. 작가는 삼십 년을 관통해 일관되게 흐르는 모성을 보았던 것이다. 그 눈은 어디서 온 것일까? 스스로 자식을 낳아 기르면서 자식에게로 기우는 스스로의 내리사랑을 견주게 되면서 열린 하나의 개안開眼이 아닐까 싶다. 그렇다. 인고의 뒤안길을 거치고 세파의 바깥 바람을 쐬면서 닳고 닳은 사람으로서의 마지막 닿게 되는 '초월의 이성'이 아닐까도 싶다.

4

작가 정순애의 수필을 소루하게나마 살펴봤다. 작가는 작품으로서 스스로를 발언한다고 볼 때 그의 발언은 우리나라 전통적인 여인의 부덕에 관련된다고 할 수 있다. 그것에는 부도婦道를 닦는 이로서의 애환이 서려 있다. 어쩌면 조선 여인이 지녔던 한恨에 닿아 있기도 하지만 중심은 의연히 그 중용中庸의 세계에 닿아 있다. 넘치지도 않고 모자라지도 않는 적정의 형식, 적정의 정서로 표현되고 있다는 말에 다름 아니다.

눈여겨보면 작가로서 정순애는 조용한 편이다. 지나치게 언어를 혹사하지도 않고 언어에 짓눌리지도 않고 담담히 부덕의 복판을 겸손하게 지나가고 있다. 이것이 특징이라면 특징이고 자산이라면 자산이다. 말하자면 내용과 형식의 일원화라 할 수 있을 것이다. 수필이 수필로서 자리매김되는 그 기본에 충실한 수필, 그러면서도 삶에 있어서 열어낼 수 있는 개안開眼, 또는 '초월의 이성'이라는 언녁에 닿고 있는 것이다.

당분간 정순애 작가는 이쯤에 머물다가 다시 변용의 세계로 날갯짓하며 날아오를 것이다. 이를 지켜보는 독자들이 많았으면 좋겠다. 물론 나도 즐거이 그 독자들 가운데 들어가 설 것이다.

외눈박이 사랑

정순애 수필집

인 쇄 2010년 7월 17일
발 행 2010년 7월 22일

저 자 정 순 애
발 행 인 서 정 환
발 행 처 수필과비평사

출판등록 1984년 8월 17일 28호
주 소 서울시 종로구 익선동 30-6
운현신화타워 빌딩 2층 208호
전 화 (02) 3675-5633 (063) 275-4000
메 일 essay321@hanmail.net

값 10,000원

ISBN 978-89-5925-723-2 03810